青年期の発達課題と支援のシナリオ

小栗 正幸 著

ぎょうせい

はじめに

この本は、簡単に言ってしまえば、一群の不器用な青年たちの物語である。そしてこの本は、『発達障害児の思春期と二次障害予防のシナリオ（以下、「前作」と呼ぶ）』（ぎょうせい刊）の続編として執筆した。まずは、その辺りの事情を述べておきたい。

さて、前作が出版された直後から、「これの続編はいつ出るのか」という読者の声が寄せられた。前作は、発達面に課題をかかえている子どもへの支援について、できるだけ普通の言葉でお伝えしようとしたものである。それに対する読者からの声は、私としても本当にありがたく、心から御礼申し上げたいものばかりであったが、それは概ね次の二点に集約できるものであった。

一点目は、前作の中で私が割愛した部分について、「そこをもう少し詳しく」と問われたものである。もとより私は、前作を思春期支援の百科全書にしようなどと考えていたわけではない。「特にこの点を」という部分に焦点を絞ってお伝えしたいと思ったのが、前作の出発点になったからである。中でも、私の専門領域の一つである少年非行への対応と、子どもの非行化予防について述べることは、前作の中心課題になった。

とは言うものの、前作でも触れているとおり、少年非行への対応や非行化予防に特化した特別な方法があるわけではない。親子のやり取り、約束など、家庭の中で当たり前に行われていること、そして学校生活の中で日常的に行われていることの中にこそ、最強・最善の対応策や予防策が見えているのである。

前作においては、そうした家庭や学校でのやり取りについて、小遣い指導や約束指導など、かなり掘り下げて述べたところもあるが、一冊の本としてのまとまりを意識して、心ならずも簡略に記述した部分もあった。

読者が「ここのところをもう少し詳しく」とおっしゃったのは、実にそうした部分であったのだ。これは、私としても、「よくぞ指摘してくださった」と言いたいところである。したがって、本書はそれに答える本にしたいと思った。これが第一点目である。

さて第二点目は、青年期を対象にしたことである。すなわち、前作はその表題にもあるとおり、思春期の子どもたち、具体的に言えば小学校高学年から、中学生の姿を描いたものである。それに対して、読者から寄せられた声は、青年期支援の本を書いてほしいというものであった。

この読者からの声は、私にとっても十分納得のいくものであった。なぜならば、まだまだわが国では、対象者の年齢が上がれば上がるほど、支援のツールが減少し、ときには消滅してしまうという現実があるからだ。もちろん、小さな子どもへの支援体制が十分だとは言わないが、年長者になるほど、未開拓な部分が確実に広がっていく。だからこそ、思春期の次のステージ、青年期への支援に読者の関心が向けられたとしても、それは至極当然だろう。しかも、読者の声には、「前作と同じ切り口での青年期支援を求める」というものが多かった。

つまり、普通の言葉で彼らあるいは彼女らの姿を描くことである。この点に関しても私としては願ってもないことであった。なぜなら、私には発達障害と言われるような状態像を「特別な枠組み」から解放することがとても大切なことだと思われるからである。だからこそ、本書では発達障害という言葉自体をタイトルから外し、「発達課題」という言葉に置き換えた。

ところで、本書には前作同様にたくさんの事例が登場する。その際の事例の選択は前作と同じやり方を採用した。ここに登場する青年たちは、実例ではなく、あくまでイメージ、すなわち私の頭の中に住んでいる青年たちである。仮に読者が、「どこかで出会ったようだ」と思われたときには、おそらくその青年は読者の頭の中にも住んでいるのだろう。

なお、本書では非行や犯罪に関する記述はできるだけ省略した。そこを知りたい読者は前作をご覧いただきたい。

二〇一二年　夏

小栗正幸

人間のタエちゃんと
鸚鵡のタイちゃんに

青年期の発達課題と支援のシナリオ

第四章　暴　言

第五章　性

第六章　大人へ

協力／U.M.

第一章

高校生

高等学校（以下、「高校」と略称する）での特別支援教育の推進に協力することは私の仕事の中でも重要な位置を占めている。

なぜなら、高校は多くの生徒にとって、学校生活を締めくくる、掛け替えのない場所になるからだ。

もちろん、大学へ進学する生徒は多い。しかし、そこから先は学生としての生活である。誰が何と言おうと、生徒としての学校生活は、高校が終着駅なのだ。

しかも、日本で生まれた子どもは、たいていの場合、一度は高校への入学を経験する。この事実一つを取っても、高校支援の大切さに強調のし過ぎはないだろう。

とは言っても、高校中退を余儀なくされる生徒が出てくることは承知している。

おそらく、あらゆる支援を試みても、われわれの手の届かないところへ行ってしまう生徒はいるだろう。

しかし、たとえ一部の生徒が高校中退という現実に直面するにしても、「高校生活への失敗者」としての中退ではなく、「新たな進路開拓者」としての中退を経験させたいと思う。

だから私は高校生への支援を行ってきた。それも、特別支援教育という切り口からである。そして、そうした支援活動の中で、私には見えてきたものがある。それは、彼ら、あるいは彼女らに共通する、特徴的な不器用さの問題である。

つまり、指先の運動領域、全身を使う運動領域、言語領域、認知領域、行動領域など、多方面にわたる不器用さを彼らは示す。しかも、それが学校生活への適応困難、ひいては社会生活への適応の不調として、彼らを苦しめている。

私はかなり以前から、こうした人たちのことを「社会適応に不器用さをかかえている人」と呼んできた。

そこで、本章では私が言うところの不器用な人に登場していただく。それも高校生活というステージにおいてである。

大切なことは、この人たちもやがて大学へ進学したり、就職したりするという事実だ。しかもこの不器用さをかかえながらの旅立ちである。読者なら、この人たちをどう支援されるだろうか。

私のやり方は次章以降で述べるとして、本章においては、まずは読者自身の支援イメージを膨らませてほしい。

それでは、さっそく不器用な高校生たちに登場していただこう。その際、ここでの記述は、私のところへ相談を寄せられる高校教師の語り口で書いてみた。その方が、それぞれの高校生を、読者の身近に感じていただけると思ったからである。いずれにしても、本書の主役たちの姿を鳥瞰してほしい。

新選組はいいけれど

ある男子生徒が、一人のクラスメートとトラブルがあったのをきっかけに、クラス全員の目が冷たいと言い始めました。

しかし、よく事情を聞いてみると、トラブルのきっかけは明らかに本人の側にあって、特定のテレビドラマの話ばかりするのが原因でした。

それも、四〇年以上前のものです。司馬遼太郎さんの小説をテレビドラマ化した作品、『新選組血風録』をご存じですか。

あの番組には、今でも熱烈なファンがいて、ＤＶＤも発売されています。そのこと自体には何の問題もありません。

しかし、この生徒は朝から晩まで『誠の旗』とか『土方歳三』の話ばかりです。

まあ、最初はそれでもよかったのです。新選組の好きな生徒はけっこういますからね。一時はその話題で周囲が盛り上がったこともありました。

しかしながら、あまりにもマニアックな新選組の話ばかりなので、クラスメートが少々食傷気味になってきたのです。

そうしたら本人は不機嫌になり、今まで話の相手をしてくれた生徒に悪口雑言を吐き、周囲がそれに反論したら、今度はクラスの中で大声を出して大暴れです。

それをきっかけに登校しぶりが始まったのですが、学業成績はとても優秀です。これって変だと思われませんか。

時間を消去したい

ある女子生徒が急に、「勉強には意味がない」と言い始めました。中学生のときに父親の転勤で他の地方から転校してきたのが間違いの元だと主張しています。転校前に希望していた高校へ入り直したいようです。その理由はそこの高校から○○大学へ進学する生徒が多いかららしいです。

保護者が説得しようとしても、転校前の街で自炊生活をしてその高校に通うと言い張っています。最近では、転校後の時間を消去したいというのが口癖のようになってしまいました。

ところが、母親の話ではこの生徒は自分でインスタントラーメンすら作れないそうです。一度ラーメンを作らせたところ、熱湯の入った鍋をつかんで火傷してしまい、家中が大騒ぎになったことがありました。さらに、単身生活についていろいろ話し合っているうちに、この生徒は電車の切符の買い方を知らないことが分かり、これには保護者も愕然とされました。

保護者は、この生徒に今まで反抗期らしいものがなかったので、最初はそれだろうと思われたようですが、次第に登校しぶりが始まったので教師に相談されました。そこで、教師が相談室で話を聞いたところ、その場ではとても落ち着いて話ができるので、これなら大丈夫だと思って教室に戻しました。そうしたら、授業中に突然大泣きして手がつけられなくなり、翌日から不登校です。

いよいよ心配になった保護者が病院の思春期外来へ連れて行ったらアスペルガー症候群だと言われたようです。学校ではどう指導したらよいのでしょうか。

告白してもいいですか

ある男子生徒ですが、中学校ではトップの成績でした。それが高校へ入学後は、どうしてもトップの成績を維持することがむずかしくなりました。それでもきわめて優秀な成績なので、教師はさほど心配していませんでした。ところが、急に「自分はダメだ」と言い始めて不登校です。

教師は、それではますます現状打開が困難になると繰り返し助言しましたが、トップの成績を維持できない自分が許せないようです。

不登校に焦り始めた家族とのトラブルも増えました。そうしたら今度は家出です。家族からの電話で学校も大騒ぎになって、明け方まで家族と教師とであちこち探し回ったのですが、翌日の昼近くになってケロリとした表情で帰宅しました。

どこへ行っていたのか聞いてみると、少し離れた街まで電車で行って公園で野宿したらしいです。どうしてその街へ行ったのかというと、一年下の後輩に好きな女子生徒がいて、彼女の家を探していたとのことです。彼女とは一度も話したことはなく、自分の同級生の一人に「あの子の家を知っているか」と聞いたところ、「○○市らしい」と教えられたので、そこへ行ったとのことです。○○市の駅を降りたところで、通行人に『△△高校へ行っている□□という人の家をご存じないですか』と聞いたそうです。誰も知っている人などいないので、公園で野宿して翌朝帰宅したとのことです。

保護者はもちろん、教師としても「何を考えているのだ」と言いたくなるところですが、本人はその一件以来急にケロリとして登校を始めました。

それで、まあ理由は分からないけれど、保護者も学校もやれやれだったのですが、本人から教師に相談があると言うので、何かと思って聞いたところ、「例の彼女に告白してもいいですか」とのことです。でも、その女子生徒とは、会話をしたこともないはずです。

あ然とした教師が、「君はそんなことより勉強だろう」と助言したところ、また成績順位へのこだわりが出てきて、前と同じような不登校状態です。

保護者は「この子はまだまだ幼いのです」という受け止め方ですが、本当に幼いだけで済むのでしょうか。

天敵がいる

ある男子生徒が「教室には入れない」と言い始めました。

教室にいるA君とうまくいかないようです。ともかくA君の姿を見ると、一日中気分が悪くなり、何もできなくなると訴えています。

なぜなのか理由を聞いてもはっきりしません。小学校のときに自分をいじめていた子に似ているとのことです。スクールカウンセラーにうかがったところ、以前の嫌な体験が、何か特定の刺激や人物を見たときにフラッシュバックすることはあるそうです。それとなくA君に聞いてみたのですが、A君は彼のことを特に気にしていないとのことでした。

ともかく教室に入ることができないと訴え、保健室に入り浸るようになりました。学校としても、このまま不登校へ移行するおそれがあるので、当面は保健室登校を維持しながら、スクールカウンセラーに対応してもらうことにしました。

ただ、元々成績はさして悪くなかったのですが、授業参加できていないので遅れが目立ってきました。そこで学校教育相談の先生にも協力していただき、補習の充実を図る工夫をしています。

それでも、A君と顔を合わすのではないかという不安が強いので、教師が頭を絞って、A君になるべく出会わないように保健室へ到達する道順を示してやり、どうにか登校を維持できています。

さて、ここまではどこの学校でもありそうな話ですが、先生方の目を点にしてしまうようなことが起こってしまいました。それは校内のマラソン大会のときの話です。

私の高校では、年末に恒例のマラソン大会があります。学校のグラウンドを何週か回ってから、近くの運動公園経由で帰ってきます。この生徒は、走ることはわりに得意で、自発的にマラソンに参加しました。ところがA君も走るのが好きな生徒で、いざマラソン大会が始まったら、彼は天敵であるはずのA君と肩を並べて走っているのです。

それを見た複数の教師は驚愕しました。「今までのあれは何だったのか」と。中には、あいつは楽をしたいがために、わざとあんなことを言っていたのだという教師も出てきました。でも、私が見ているところでは、とてもそんな策を練ることができるような生徒には見えません。

その後は再び保健室登校です。これって絶対に変ですよね。いったいこの生徒は何を考えているのでしょうか。

好きなのだから

ある女子生徒のことで相談があります。

私の高校は勉強があまり好きでない生徒が多く、学力向上への取組みが大きな課題になっています。

生徒の学力がどれくらい低いかというと、私の高校で普通の成績を取っている生徒が、もし大学へ進学する生徒の多い高校へ行けば、おそらくテストのたびに追試の対象になってしまうレベルだと言えば分かっていただけるでしょうか。

さて、この女子生徒ですが、中学時代に不登校になったことがあり、心配された保護者は教育センターでの支援を求められました。

そのとき、保護者の承諾を得て発達検査を実施したのですが、知的な力が押し並べて境界域であることが分かりました。ＩＱで示せば、八〇前後といったところでしょうか。ところが、この女子生徒が本校では平均以上の成績を取得しています。もちろん、勉強の成績はＩＱだけで予測できるものではないと思います。しかし、これも私の高校に通う生徒の学力の低さを象徴するエピソードの一つになると思います。

さて、今日はそんなことを相談するために来たのではありません。この女子生徒にはとても困った行動があるのです。それは、周囲の人に接近しすぎるというのか、やたらベタベタしてしまうことです。

そうした傾向は幼稚園のころからあったようです。心配になった母親は、かなり早い段階で専門家のところへ連れて行きました。

そこで専門家からいただいたアドバイスは、「この子には、愛情欲求の不充足感があるので、しっかり抱きしめてあげましょう」というものだったようです。そこで母親は、専門家から言われた通りにしたそうです。でもベタベタ行動は改善されず、母親は自分の愛情が足りないせいなのかと、相当悩まれたようです。

この専門家からのアドバイス、私は絶対に変だと思います。百歩譲って、たとえ愛情の問題であったとしても、抱きしめて解決するようなものではないからです。まあ、それはともかくとして、結論を言えば、小学校ではこの女子生徒のベタベタ行動に周囲がとても困ってしまったことは事実です。

さらに困ったことは、最初の段階のベタベタ行動は比較的不特定多数のクラスメートに向けられていたのですが、小学校高学年になると、特定の男子生徒を標的にする傾向が強まってしまったことです。ただ、幸いなことにというべきか、ベタベタされた男子生徒の方がこの子を避けてくれたので、これには学校が相当助けられました。

ところが、中学校に入ってから、この子のベタベタ行動を心地よく思ってしまう男子生徒が出てきてしまいました。このとき、中学校は二人への働き掛けに相当神経を使われたようですが、また幸いなことに、男子生徒のお父さんの仕事の関係で、相手の生徒が転校することになり、このときばかりは先生方が「神の助け」と喜ばれたとのことです。

さて、ここでようやく高校の話になります。

高校でも、このベタベタ行動は持続しました。中学生のときと同じように、男子生徒に近付き過ぎる傾向が目立つので、そのたびに指導を繰り返してきました。でもこの行動はなかなか改善しないどころか、ついにカップルのような男子生徒が出てきてしまったのです。

それは同じクラスの男子生徒で、いつも校内でイチャイチャし始めました。ともかく他生徒への影響が懸念されるので、双方への指導を繰り返してきましたが、ついに教室内でその男子生徒の膝に座ったりする状態になってしまい、進級の機会にクラス替えを行いました。しかしそれでも、登下校時、休み時間など、たえず一緒にいます。何か間違いを起こさないかとても心配なので、ともかく指導を繰り返していますが、「だって好きなんだもん」の一言で片付けてしまうのです。どうしたものでしょうか。

お父さんとそっくり

とても困った男子高校生についての相談です。

ただ、学校生活自体にはそれほど困ったことはありません。勉強もできていますし、間違いなく大学へ進学する生徒ですが、それは多分うまくいくと思います。

それでは何に困っているのかというと、激しい家庭内暴力があるのです。その被害を受けているのは母親ですが、実は母親から相談を受けるまで、学校はそうした問題にまったく気付きませんでした。

ただ、母親から話を聞いてから考えてみますと、妙に取り澄ましたような態度とか、どことなく皮肉屋なところが目に付き、揚げ足取りの言動もあるので、この生徒には友達は少ないようです。

その一方で、教師と議論をすると、教師の方が言い負かされてしまうところがあり、その点に限っては生徒間で注目されています。そうそう、一度など、女性教諭のちょっとした失敗を糾弾して泣かせてしまったことがありました。「そこまで言うか」という感じでしたが、暴言を吐くわけではなく、理路整然と詰め寄ってくるので、叱るわけにもいかず、かといって止めないわけにもいかず、

「おいおい、それくらいにしておけよ」と私たちが仲裁に入ったところ、「分かっていただければけっこうです」とあっさり引き下がりました。

ともかく冷静というより冷たい感じでしたが、それだけに家で暴れる姿は母親から話を聞いても、なかなか想像できませんでした。

さて、その家庭内暴力ですが、今までの経過をざっとお話しします。

まずその兆候が最初に出てきたのは、小学校高学年からのようです。それこそ、家の中で少し思ったようにならないことがあると、「おかしいじゃないか」と声を荒げ始めたとのことです。それまでは素直な子どもだったので、母親は思春期の反抗が始まったくらいに思っていたようです。

それが中学生になったころから、声を荒げるだけではなく、興奮すると壁を蹴ったり、母親を叩いたりするようになりました。思い悩んだ母親はスクールカウンセラーに相談しています。

そのときのスクールカウンセラーの見立ては母親の見立てとよく似ており、「今まで良い子で通してきた子どもの反抗期」というものだったようです。暴力を振るうようになったのは、思春期の自己同一性の確立というか、要するに自分探しの課題に直面し、イライラしやすい状態が強まったかららしいです。また、ちょうどそのころ、母親と父親の夫婦関係がぎくしゃくしていたので、そのことへの不安も反映されているようだと助言されました。

一歩踏み込んで、家庭内暴力への対処法については、「焦っても解決しないので、子どもにしっかり寄り添ってあげることと、子どものイライラしてしまう心を受け入れ、できるだけそっとしておいてあげましょう」というものだったようです。私など、この状況の母親にそんなことができれば苦労しないと思ってしまいますが、それは私が狭量なのでしょうか。

まあ、それはともかくとして、その後母親は、中学校の教師からカウンセリングに通うことを勧められ、母親もそれを希望したのですが、カウンセリングの中で話し合われたのは、この生徒の家庭内暴力への対処法というより、母親の人生観や子育て観のこと、それと後述する父親のことだったようです。

まあ、母親としては、自分の気持ちの整理を手伝ってくれたカウンセラーへの感謝の念は強いのですが、肝心要の子どもへの対応の部分で何の方針も示されないので、ときには何のためのカウンセリングなのかと違和感を覚えることもあったようです。でも、そんなことを話題に出すと、熱心に話を聴いてくれるカウンセラーへの苦情と受け取られても困るので、結局口にはしなかったようです。

さて、今まで全く登場してこない父親のことです。その前に一言。この生徒の父親はこの子とそっくりです。ああ、この言い方は少し変ですね。この生徒の父親が子どもに似たのではなく、「この子は父親にそっくりです」が正しい言い方です。

ともかく、とても冷静な感じのする人ですが、どことなく冷たい印象というか、自分の子どもの話をしていても、何となく評論家のような感じで、「困っています」という切迫感が出てこないのです。それと、話の中によく皮肉が混じります。父親と話していても、これでは母親は大変だろうなど、ついつい母親の方に同情してしまうのです。

さて、「母親は大変だろうな」ではなく、まさに「大変」なのです。

最近の家庭内暴力は相当なもので、私も母親に乞われて生徒や父親のいないときに教師三人で家庭訪問させていただいたのですが、ドアや壁には穴があき、ふすまは破れ放題の状態です。綺麗な部屋は父親の書斎くらいで、大変な状況がよく分かりました。

ともかく、母親のやることなすことに因縁がつくようです。洗濯した服が生徒の部屋の前に置いてなかった（生徒の部屋は自分以外の家族全員入室禁止らしいです）、夕食のおかずに生徒の嫌いなピーマンが混じっていた、友達から電話があったことを生徒に伝え忘れた……、まさに暴君状態で、虫の居所が悪いと興奮して暴れます。

母親を殴り、蹴り、髪の毛をつかんで引きずり回す、最近は台所の包丁を振り回すこともあるそうです。現に母親の腕や足には、打撲の痕が複数見られます。

冷静なときには、母親と普通に話ができます。「本当は暴れたくない」と言うこともあるようですし、例えば包丁を振り回すことについても、「包丁でお母さんを刺す気はない」とも言うそうですが……。

もちろん母親は、生徒が暴言を吐いて暴れ始めると父親に助けを求めます。しかし父親は仲裁に入ってくれません。それどころか、「お前のしつけが悪いからこんなことになるのだ。早く静かにさせろ」と文句を言って書斎に入ってしまうのです。父親は社会的な地位のある地元の名士ですが、この生徒はそんな父親を尊敬していて、父親には一切暴言は吐きません。

この大変な状態に対して、われわれは教師として何ができるのでしょうか。

奇行

最近、想定外という言葉をよく耳にします。私自身はこの言葉は嫌いです。聞き方によっては、責任逃れか、言い訳がましく聞こえるからです。でも、今日はまさに想定外の男子生徒についての相談です。

今年入ってきた一年生の中に、奇行の目立つ生徒がいます。まず、歩くときの姿勢が変なのです。前傾姿勢で手を前のほうに出し、「ウー」「ウー」と低いうめき声を出しながら、そう、ちょうど映画に出てくる肉食恐竜のような感じです。でも映画の肉食恐竜のような機敏な動きはなく、ゴジラのようにノシノシと、ゆっくりした歩き方です。

ときどき急に寝ころびます。それも教室や廊下の真ん中、ロッカーの前、グラウンドの真ん中で。それと、動作が一歩遅れる生徒はたくさんいますが、この生徒は三歩遅れます。

授業開始のチャイムが鳴っても廊下をノシノシ歩いているので、教師が「おーい授業だぞ」と呼ぶと、「おーい授業だぞ」「おーい授業だぞ」とオウムのようにブツブツ繰り返しながら教室へ入ってきます。

反抗的なところはあまりありません。

教師に「姿勢が悪い」と言われれば、普通の姿勢に戻りますが、知らないうちにまた前傾姿勢になっています。

教室内や廊下で寝ころがるのも同じです。この前、掃除の時間に廊下で寝ころがりました。そうしたら、クラスメートが「モップだ」と言ってこの生徒の足を持って廊下を引き回していたので、そのときはクラスメートの方を叱りましたが、ご本人はあまり嫌そうな顔付きではなかったです。

とても不思議なことですが、こんな状態であるにもかかわらず、勉強の成績は比較的良好です。

先日、将来の仕事について話し合いました。そうしたら警察官か老人福祉関係の仕事に就きたいと言っていました。かなりかけ離れた職種ですが、両方とも向いているとはとても思えません。

私たち教師はこの不思議さにどう対処したらよいのでしょうか。

傍若無人

中学生のときに注意欠陥多動性障害（ＡＤＨＤ）と診断された定時制高校の男子生徒です。

元気がよいと言うのか、何と言うのか、ともかく指導に苦慮しています。

もちろんＡＤＨＤもあると思います。

しかし、それだけではなく、まるで社会的な常識が身に付いておらず、著しく無軌道なのです。

学校には毎日出てきますし、教師に気安く接してくるのはいいのですが、教師と友達の違いが分かっておらず、友達口調で無遠慮に話します。

登校してくると、まず職員室にノックもしないで入ってきて、「〇〇いるか」です。〇〇とは担任のことです。近くにいた教師に、「〇〇先生と呼びなさい」と指導されると、「面倒じゃ」と言い返します。職員室にいた若い女性教師に向かって、「△△ちゃん、今日きれいだな。デートか」といった具合です。

この生徒と仲のよい□□という生徒の顔が見えないので、「□□を見なかったか」と聞くと、「パチンコで儲かっていたので、もう少ししたら来ると思う」と平気で答えます。「なぜ□□がパチンコ屋にいたと分かるのか」と問い返すと、「オレも一緒だったが、オレはすってしまったので先に店を出てきた」と、まるで悪びれたところがありません。

授業中は携帯電話をいじる、回りの生徒に話しかける、雑談をする、大声で笑う、教室から勝手に出て行く、こうしたことは日常茶飯事です。他生徒には、ひょうきんに振る舞うときもありますが、高圧的な言動が目立つときもあります。

本校は定時制高校ですから、中学時代不登校だった生徒も多いのですが、この高校へ来てやっと登校できるようになっている生徒に、この生徒がずけずけと話しかけたり、強いことを言ったりするので、おとなしい生徒が再び登校をしぶりだすこともあります。これには学校も本当に困っています。

もちろん、学校は保護者にこうした実情を伝え、この生徒の指導に関して学校と連携していただくように働きかけています。ご両親は気さくに学校へ足を運んでいただけるので助かりますが、以下はお父さんの談話です。

「先生、こいつは殴ってやらないと道理が分かりませんよ。家ではオレがぶん殴って指導してきました。ともかく、若いときの喧嘩くらいは仕方ないが、人の物を盗るような、人間として恥ずかしいことはするなと言ってきたので、こいつはそういうことはしません。また、高校を卒業したらオレの友人の経営する建設会社で使ってもらうことになっています。ただし、高校を卒業できなかったら就職の斡旋は一切してやらないと指導しています。だからこいつは学校をサボったりはしないはずです。ともかく、言うことを聞かなかったら、オレに伝えるぞと言ってください。それでも聞かないときはぶん殴ってやってください。親がいいと言っているのだから大丈夫です」

いやはや、話が分かるというのか、何というのか、ついつい首を傾げてしまいますね。

ともかく、教師の一致した見立てとしては、この生徒は学校内では困り者ですが、卒業したら、多少荒っぽいかもしれませんが、ともかく仕事をするようになると思います。そういう点では不登校気味の生徒より、社会適応力は高いと思います。

でも、今の学校生活のほうも何とかしたいものです。まさか保護者が言うようにぶん殴るわけにはいきません。こういうタイプの生徒を、学校としてはどう指導したらよいのでしょうか。

援助交際

特別支援学校の高等部に通う女子生徒についての相談です。実はとても困ったことがあっての相談になります。

何に困っているのかというと、この生徒は不特定多数の大人と性関係があるということが最近分かったのです。

ことの発端は、この生徒の中学時代の同級生で、普通の高校に進学した子がいます。その子が売春で補導されまして、その子の口からこの生徒もしているという事実が明るみに出てきたのです。

さて、この生徒ですが、小学生のころから学業不振で、中学校でも相当心配なレベルでしたが、保護者の意向もあって通常学級で支援してきました。

それでも、中学二年生のときに、この学力（小学校二年生程度が不完全）では、とても通常の高校進学は無理だろうと思われたのと、保護者もその辺りを納得していただいたので発達検査を実施したところ、知的障害のあることが分かりました。

知的障害の程度は軽度なのですが、課題処理能力にけっこう大きなばらつきがあって、この生徒が知的障害でなければ学習障害（ＬＤ）と呼んでも差し支えないもののようです。

以上のような経過で、本校（特別支援学校）の高等部を選択されたわけです。

本校を選択されたことは、おそらく適切だったと思います。ここへきて、はじめて伸び伸びすることができたようで、勉強への無気力は少しずつ改善され、学校生活も順調に推移しています。むしろ、中学校が通常学級だったせいか、学外での行動範囲が本校の生徒たちより広く、友達の幅もあるようで、われわれ教員としても、特別支援学校の生徒には不足するスキルを見せてもらったようなところすらあります。

ただ、逆を言えばそこのところが心配で、いったん学校のスクールバスで帰宅後、家の近くの商店街へ出かけることが多く、ゲームコーナーに友達といるところを目撃されたこともありました。

また、どことなく服装が派手になってきた印象も受けていました。そうした矢先の本件発覚です。

さて、要するに、既に述べた中学時代の同級生のほうが先に売春を経験しており、彼女に誘われて同行したのが始まりのようです。

その辺りの事情を、本校の女性教諭が聞いてくれました。それによると、最初は同級生の女友達と男の誘いに乗ってホテルへ行き、そこで性関係を持ったのですが、それが何回か繰り返され、一人でも男性の誘いに応じるようになって、交遊範囲が急激に拡大したようです。

しかも、事情を聞いてくれた女性教諭が驚いていたのですが、そうした行為にまったく羞恥心がないというのか、むしろ「お小遣いをくれるやさしいおじさん」といったとらえ方をしています。これは、成人男性からの、性的に無知な未成年女子に対する性虐待であり、犯罪行為だとも思うのですが、被害に遭ったご本人にはまったく被害者意識はありません。それどころか、お小遣いをもらうことへの抵抗感もないようなのです。

特別支援学校では、知的障害のある男子生徒の性的逸脱行動とか、女子生徒への性的被害の問題には、かなり神経を使ってきましたが、これからは今回のような、いわゆる援助交際と呼ばれるようなところまで心配する必要があるのかと、まさに頭が痛いです。こうした、被害者意識のない、かといって罪悪感も希薄な、あっけらかんとした女子生徒への指導について、われわれが配慮する必要があるのはどんなことでしょうか。

不器用な高校生について述べていけば際限のない話になってしまうので、まずはこの辺りにしておこう。

さて、冒頭でお尋ねしたように、読者であれば、ここに登場したような高校生に対して、どのような支援の手立てを考えられるのだろうか。それをぜひともお聞きしたいところである。

ただし、今この段階でそんなことを言っていてもらちがあかないので、私が今までやってきた支援の実際、そしてこれからも継続したいと思っている支援の方法論について次章以降で述べていくことにしたい。

この第一章は、飛行機にたとえれば離陸に必要な滑走路のようなものだと思って書いてきた。ここに登場してもらった高校生のような、ともかく社会適応に発達的な不器用さをかかえている青年たちへの支援という空の旅への滑走路である。エンジンも機体も順調だ。さあ離陸しよう。

第二章 やり取り

本書の主役たちが社会適応につまずいてしまう大きな理由の一つに、コミュニケーションの不調という問題がある。

つまり、対人関係の「やり取り」がうまくいかないのである。

意思の疎通が一方的になるとか、相手のことを無視した自分本位な要求が目立つとか、反対に必要な自己主張ができないとか、その態様はさまざまだ。

そこで本章では、そうしたコミュニケーション不調の背景にある「やり取り」のまずさについて、想像力の制約という切り口から述べていく。

また、そうした彼らあるいは彼女らへの支援について、動機付けという観点から述べていく。

ともかく、コミュニケーションの不調に対処することは、あらゆる支援の始発駅であり、同時に終着駅でもある。

考えてもいただきたい。コミュニケーションとは人間存在そのものである。換言すれば、ここを出発点とし、この道を通らない限り、次の駅への道などないのである。

想像力

あの不器用な人たちは、自分の気分や感情の状態は分かっても、他人のその部分が分かりにくい。

例えば私は、「小栗くんがいてくれると助かるよ」と褒めてもらえば、ウキウキするのかワクワクするのかは別にして、このよい気分が身体反応を通して自覚できる。

だから私を褒めてくれた人に対して、「私のことをウキウキさせてくれるいい人だ」という好印象を持つと思う。

ところが、世の中というものはそんなに褒められることばかりが続くとは限らない。

ときには、「小栗くん駄目じゃない」と叱られることもあるだろう。

そうすると私は、イライラするのかムカムカするのかは別にして、この嫌な気分を身体反応として自覚できるので、私を叱った人に対して、「私のことをイライラさせる嫌な人だ」という悪印象を持ってしまうと思う。

仮にこれが、私を褒めてくれる人と、叱ってくれる人の役割分担ができていたとする。そうすると、それは指導環境の構造化ということになって、ある意味とても分かりやすい状況が形成される。

しかし、世の中というものはそれほどシステム化されていないので、特定の人が特定の人を褒めたり叱ったりするのが、むしろ自然の成り行きだと思う。そうすると本書の主役になるような人たちには、自分の置かれている状況が急に分かりにくくなってしまう。

考えてもいただきたい。

相手の言葉次第でわれわれはよい気分にも悪い気分にもなる。

それは当たり前のことであるが、そうした場面で大切なのは、自分がウキウキするとかイライラするといったことではなく、どうして相手が自分にそういう言葉を向けたのか、その理由が分かるということだと思う。

これは、相手の気持ちを理解できるかどうかということだが、この課題に対処するためには、ウキウキとかイライラといった身体反応の自覚だけに頼ってはいられなくなってしまう。

それでは何に頼ることになるのか。

その答えは、相手のことを推測したり、考えたりする力、すなわち想像力に頼る部分が拡大するということだ。

つまり、そのとき自分に与えられていた課題、その課題と相手との関係、相手の立場、相手の気持ち、その場の状況など、ともかく総合的に想像し推測する力が必要になるのである。

そして本書の主役たちは押し並べてそこのところが弱い。そうすると、途端にややこしいことが起こってしまう。

さっきまで、自分にとってとても良い人だったのに、その同じ人が急に嫌な人へと変身してしまうのだ。

そこで彼らはあの言葉を口にする。

そう。「裏切った」とか「裏切られた」という言葉だ。こんなことを言い出す人は、相手の立場をあまり分かっていない。

繰り返しになるが、いい気分とか悪い気分のところは自分の身体反応を通してよく分かる。しかし、さっきまで自分のことをウキウキさせてくれた人が、どうして急にイライラさせるようなことを言い出したのか。ここのところは相手の立場や感情を想像し推測できないと分からない。だから「裏切った」とか「裏切られた」ということになる。あの不器用な人たちは、男も、女も、本当にこの言葉が好きである。

まだある。すぐに「自分ばかりが叱られる」と言い出す人は、必ずあなたの近くに一人や二人はいるはずだ。この人たちも、多くの場合相手のことが分かっていない。なぜ、何度も嫌なことを言われるのか、ここの部分は相手の立場や感情を想像する力がないと推測できないだろう。

まだまだある。「○○先生（○○課長でもよい）は『えこひいき』をする」と言い出すような人はあなたの回りにいないだろうか。この人たちも、あまり他人のことが分かっていない。

どうしてその先生（あるいは課長）は、接する相手によって言葉遣いまで変えるのか。ときには同じ相手であっても、時と場合によって微妙に態度を使い分けるのか。この辺りの読み取りにも、他人のことを想像する力が重要な役割を果たしている。

いずれにしても、すぐに「裏切られた」と感じ、「自分ばかりが叱られている」ように思い、「えこひいきがある」と決め付けてしまうような人は、従来のとらえ方からすると、本人の対人不信や被害感の強さとの関連で理解されてきたように思う。ところが、そういう人であっても、根幹にコミュニケーションの不調をかかえている人は意外に多いものだ。

これは、おそらく「原因」と「結果」の関係というべきだろう。すなわち原因となるものはコミュニケーションの不調、その結果として形成されたものが対人不信感や被害感という図式である。従来の考え方を批判するつもりはないが、今までのやり方は、結果として形成された感情や情緒の歪み、あるいはその不安定さに焦点を当てる対処法が主流だったように思う。もちろん情緒や感情の問題が不適応の原因であればそれでよい。

しかしながら、それが何らかの別の原因によって生成された副産物であったとしたらどうなるのか。答えは書かずとも分かることだ。

時間ばかりが掛かった割に指導的な効果は上がらず、結局うやむやな終結を迎える。支援した側にも、支援された側にも、「何かをやった」あるいは「何かを受けた」という幻の満足感だけを残して。

満足感が残ればまだよい。しかし、これが支援した側だけに残る自己満足だったとすれば最悪だ。そんなことはもう止めるべきだと思う。

そこで本書では、コミュニケーションの不調をかかえている人への支援法について述べていく。

それを語るにあたって、まずわれわれはどこでコミュニケーションの力を学習したのかということから考えてみたい。

遊び

コミュニケーション能力の根幹にある、他人とやり取りを交わす力をわれわれはどこで学習したのだろう。

もちろんそれには、乳幼児期からの親子関係が大きな役割を果たしている。

しかしながら、より社会的なやり取りということになると、誰が何と言おうが友達との遊びに勝るものはない。

なぜならば、遊びとは元々やり取りによって成立し、ルールによって制御されるものだからである。

さて、ここで「制御」という少々仰々しい言葉を使用したが、これの語意はそれほど堅苦しいものではない。

例えば、最近の子どもは以前ほどトランプ遊びをしなくなったが、トランプのババ抜き遊びひとつを取っても、そこにババが入っているというルールによって面白くなる。

本来ルールというものは、堅苦しいものでも、面倒なものでも、押しつけられるものでもなく、子どもの遊びを楽しくする刺激のようなものだ。

だから、よく遊べている子どもは大体においてルール理解の力が育つ。そして面白いことに、ルール理解の力が育っている子どもは、これまた大体において、学校の勉強もうまくいく場合が多い。なぜなら、学校の勉強というものはある意味、法則性の発見、すなわちルールを記憶したり、見つけ出したりする課題によって構成されているからである。

それではもう一歩掘り下げて、遊びの中で身に付ける、他者と「やり取り」をする力とは、どのような学習スタイルによって成就するのだろう。そう、経験を通して学習すること、すなわち経験学習によるものである。

もちろん、経験の中には自然発生的なものばかりではなく、意図的に他者の行動を真似ること、いわゆる模倣学習も含まれてくるが、要するに子どもたちは、自然な場面でのやり取りを通して、社会的な行動やコミュニケーションの力を身に付けるのである。

ところが、本書の主役になるような人の中には、自然な場所での経験学習がうまくいかない人が相当数含まれている。しかも、その背景には、前項で述べた想像力の制約が影響している場合が意外に多いのだ。

例えば読者は、幼児期に想像遊びのできなかった人のエピソードを聞かれたことはないだろうか。要は「ままごと遊び」の話だが、幼児が秋の日差しの中で、柿ノ木の落ち葉の上に石ころを並べ、「はい、お饅頭をどうぞ」とままごと遊びに興じている。ところが、その中に一人だけ、この遊びに乗れない子どもがいる。

「お饅頭じゃないよ、石ころだよ。どうやって食べるの」という具合に。

大人にだっている。仲間が冗談を交わして楽しんでいると、その中の一人が「君らそんな話の何が面白いのですか」と言い出して場を白けさせる。

堅物と言うか、何と言うか。決まり切ったもの以外にイマジネーションが広がりにくいのだ。そんな大人の場合はさておくとして、本書の主役になるような人の中には、幼児期に「ままごと遊び」を楽しめなかった人がけっこうな割合で含まれている。

もちろん、想像遊びにも幅があって、いかにイマジネーション形成に制約があったとしても、怪獣ごっこのような遊びは比較的うまくいく。

それが、遊びの中に社会的な要素が加わり、やや複雑な役割演技が求められるようになると、急に遊びとしての楽しさを感じられなくなってしまうのだ。

それは、子ども同士の相互的な疎通性や状況の理解がむずかしくなったからに他ならないが、そもそもお楽しみの意味が分からなくなり、状況把握に努力を強いられるような遊びを楽しめるはずはない。

こうしたことは、逆の視点から考えた方がさらに分かりやすくなる。例えば、イマジネーションを形成する力に制約のあるような人ほど、暴力的なパソコンゲームにのめり込みやすくなる現実を考えてみればよいだろう。

これは、ひとつには「やっつける」とか「やっつけられる」といった状況設定から成り立つ遊びは、想像力を駆使する必要があまりないことと関係しているように思われる。

つまり、お父さん役やお母さん役が登場する社会的な役割の関与とか、流動的でかつソフトなルールから成り立っている「ままごと遊び」に比べると、前述のパソコンゲームなどはほとんど身体的興奮に近い刺激で楽しめてしまうというところなのだろう。

しかしながら、ここで最も大切な決め手になるものは、そうした刺激属性の強弱という要素ではなく、その遊びに現実の人間関係が関与しているかどうかというところではないかと私は思う。

要するに、パソコンゲームというものは、基本的に生身の人間関係、つまり実際の対人的なコミュニケーションを必要としない遊びである。しかもその中で強烈な刺激提示が行われる。それに自分ひとりで対処すればすべてが完結していく。しかも想像力を駆使するというより、身体反応のレベルで自己完結する。だからこそ、イマジネーション形成力に制約のある人でも楽しめてしまう。

これこそが、本書の主役たちがパソコンゲームにのめり込んでしまう理由ではないかと思う。これは、いわゆる仮想的現実の中での自己満足というやつである。自己刺激的な世界の中での自己満足と表現してもよいだろう。

ただし、注意していただきたいことは、だからといって、私は必ずしもそうした状況がまずいと主張するものではない。それはそれで、刺激的なお楽しみとして悪いものではないと思うからだ。しかし、次項で述べる自己完結のスタイルの刺激以外に楽しみを見出せないような状態像が形成されている場合には、それは非常にまずい事態を引き起こしかねないものになってしまうだろう。

スタイル

さて、われわれが社会に適応した生活を送るためには、いろいろな課題を否応無しに処理しなければならない。それも毎日のように。ときには一日に何度も。これは大人であっても子どもであっても同じことだと思う。

その場合、われわれが課題に対処するスタイルには、大きく分けて「自己完結のスタイル」と、「相互完結のスタイル」のふたつがあるのではないかと私は思っている。そこで、このふたつのスタイルについて説明しておきたい。

このうち自己完結のスタイルとは、人間関係を前提にせず、自分の力だけで与えられた課題を処理する様式である。もうひとつの相互完結のスタイルとは、指導者との間、あるいは友達との間、または家族との間など、人間関係の中で与えられた課題を処理する様式である。

この類型は、一見したところ単純そうだが、よく考えてみるとそうでもない。例えば、子どもが自分の力だけで宿題をやるとか、われわれが、自分の力だけで業務報告を書くというのは、一見すると自己完結のスタイルのように見えるが、それによる教師からの評価や、職場からの給与など、他者から得られる何らかの報酬が絡む可能性が高いのだから、これは間接的な相互完結のスタイルになるだろう。

これに対して、典型的な自己完結のスタイルというのは、例えば前項で触れたパソコンゲームのようなものである。そして自己完結のスタイルの大きな特徴は、人間関係を前提にしなくても、自分の力だけで対処でき、その中で「やった」とか「できた」という達成感が比較的簡単に体験できることと、ときにはそれがストレス解消にも役立つことである。

ただし、またまた繰り返しになってしまうが、私はそのこと自体をさして問題視する必要はないと思っている。そうした一方で、このスタイルでしか達成感が獲得できないような状態像が背景にある場合には、少々やっかいなことになる。

例えば、私は発達障害の相談をよく受ける領域で仕事をしてきた。その中で、アスペルガー症候群と診断された人に関する相談は、小学校三年生くらいの年齢から急に増えてくるもののひとつである。

さて、アスペルガー症候群と診断されるような人は、自閉症という大きなグループに入る人だが、知的障害は合併していない。中には、知的に相当高い人も含まれている。しかも、言葉の量に関する部分での障害は目立たないので、むしろ多弁であることが多い。

このアスペルガー症候群であるが、読み書きや計算に関する学習障害（ＬＤ）を合併していなければ、学校の勉強は比較的うまくいっている場合が多い。

もちろん、アスペルガー症候群の人でも学校の勉強を嫌うことはある。しかしそのほとんどは、次章で述べる「決め付け」によるものである。つまり、「学校の勉強はしない」と決めてしまうのである。これがあると、いかにアスペルガー症候群の人であっても勉強に乗り遅れやすくなる。

さて、話を戻して小学校三年生である。

この学年は、友達とのコミュニケーションが複雑になってくる年齢でもあり、そこがうまくいかないアスペルガー症候群の子どもは、何かとつまずきを経験しやすくなる。

それとは別にこの学年は、勉強がうまくいっている子どもと、うまくいっていない子どもが少しずつ見えてくる年齢でもある。

そうすると、勉強がうまくいっているアスペルガー症候群の子どもが、勉強がうまくいっていないクラスメートをつかまえて、とんでもないことを言ってしまうことがある。

「君は馬鹿だなあ。そんなに勉強ができないと世の中生きていけないよ」と。

そんなことを平気で言うので、それはトラブルの原因になりやすい。その結果、アスペルガー症候群の子どもは、いじめの加害者にも被害者にもなりやすくなる。そして私のところへの相談が増えるという図式だ。

ともかく、あの人たちはどうしてこんなに失礼なことを言ってしまうのだろう。あの人たちは意地悪なのだろうか。たしかに、中にはそういう人もいるだろうが、大多数の人はそうではない。

おそらく、これはアスペルガー症候群の有無を越えた問題で、あの不器用な人たち全般に共通する特徴だと思うのだが、要するに失礼なことを言われた相手の気持ちや感情を理解することができにくいのである。もう少し言うとしたら、理解できないということは、理解すべき事態を想像できないということと、ほとんど同じである点に注意してほしい。

そうしたことに加えて、前述した勉強に関するやり取りをもう一度読み返していただきたい。彼らが口にしてしまう失礼な言葉には、たとえ一面的なものであったとしても、本当のことが含まれている場合が多いのである。

たしかに、彼らが言うように勉強嫌いのままでは、もしかすると将来その人が本当に困ってしまうことすら起こりかねないのだから。

ところが、本当のことというものは、大体において、そんなことを言われた御当人の方が気にしているものである。

そして、最もややこしくなってしまうのがここ。すなわち、本当のことというものは、それをずばりと言われた人を傷付けてしまう場合があるということ。しかもこの肝心な部分を理解（想像）できにくい人がいるということ。そして、そうした人こそが本書の主役になってしまう人だということ。こうしたところはぜひとも分かっておく必要がある。

さて、自己完結による課題処理のスタイルについて述べているうちに話が少々脇道に逸れてしまった。

そこで話を元に戻すが、私は前述したとおり、自己完結する課題処理のスタイルそれ自体を問題にしているのではない。

とは言うものの、アスペルガー症候群のある人を例に説明したように、相手の気持ち、相手の立場、相手の思い、こうした領域で起こることを想像する力の弱い人が、自己完結の世界のみに没入してしまうような状態になると、さらに不要なトラブルを引き起こしやすくなってしまう。

それでは、この不器用な人たちをどう支援したらよいのか。

そこで浮かび上がってくるのが、自己完結による課題処理のスタイルの対極にあるもの、すなわち相互完結のスタイルを用いたコミュニケーションの経験を増やし、他人とやり取りする力を育てることなのである。

既述のとおり、相互完結による課題処理のスタイルとは、人間関係の中で課題を処理していく課題処理様式のことである。

しかも、ここでぜひとも分かっておきたいことがある。この相互完結に基づく課題処理のスタイルというものは、決して特別なものでも、特殊なものでもないということである。

考えてもいただきたい。他者と何らかの「やり取り」が成立する場面、これはそのまま相互完結のスタイルが成立する場面でもある。もちろん、いろいろな理由で結果的に相互完結が不調に陥ることもあると思う。しかし、そこからまた別のやり取りが始まれば、その不調はそれほど大きな問題にはならない。

例えば、相手に何かを呼びかけて、思ったような反応が得られないときには、呼びかけの仕方を変えればよい。

「ちょっとこちらを見てください」と言っても相手が反応しなければ、「聞こえませんでしたか?」と再度問いかけるだろう。それでも反応がなければ、近くに行って、肩をポンポンと叩くだろう。そんなことは、日常茶飯事のように、誰でもやっていることだ。

そもそも、われわれの人間関係というものは、そうした「やり取り」の総体的な産物である。母子関係、家族関係、友達関係、ともかく何らかの「やり取り」のないところに人間関係が形成されるはずがない。

これこそがコミュニケーションの本質であり、その営みは相互完結による課題処理へとつながっていく。特別だとか、特殊だとか言うとしたら、自己完結のスタイルこそがそうだろう。ここでようやく話が一巡した。

練　習

それでは、コミュニケーションがうまくいっていない人をどう支援したらよいのだろう。

世の中には、「その人に寄り添いながら、時期が来るのを待った方がよい」という考え方がある。

まあ、それもよかろう。

しかし、変化の時期が来る前に崩壊してしまった事例を、私はあまりにもたくさん見過ぎてしまった。しかも、そのとき周囲にいた人は、誰一人として当人を崩壊させてしまった責任を取らない。取らないというより、取れないといった方が適切かもしれない。

強いて責任を取らされるのは、崩壊してしまった本人、そして苦しみを背負うのは本人と家族のみ。これではあまりにも空し過ぎる。

私は、ある日を境にして、当て所もなく待つのは罪だと考えるようになった。

ともかく、対人的な相互関係の中で、その場に求められる適切な「やり取り」のできない人は、社会の中で生きることに苦労してしまうことが目に見えている。それならば、対人関係の中で必要になる「やり取り」を、まずは練習してもらった方がよいと。

さて、社会的な行動を増やしていく代表的な練習法のひとつにソーシャルスキルトレーニング（SST）がある。

これは、学習理論や行動理論に則る指導手続きを用いるもので、指導の標的となる具体的なスキルを設定し、指導効果を実証的に確かめながら展開される技法である。

ところで、既に「遊び」のところで述べたように、本書の主役になるような人たちは、押し並べて自然発生的な経験の中で社会的行動を学習し獲得することが苦手である。だからこそ、SSTのような方法を活用することには大きな意味がある。というより、SSTは社会適応に不器用さをかかえる青年にとっては、必須の練習方法になると考えた方がよいだろう。

ただし、SSTは実施者の側に学習理論や行動理論に関する体系的な勉強が必要になる。また、当たり前のことではあるが、実際に活用する技法への習熟が求められる。さらには、実施にもそれなりの準備が必要である。

それに対して、私が本書で目指しているものは、できるだけ特別な環境や設備を必要とせず、誰にでも簡単に実施ができ、しかも安全性の高い支援の方法を示すことである。したがって、SSTに関する解説は必要最低限のものを除いて他書に譲り、私が今まで実践してきた支援法を中心に述べていくことにしたい。

さて、いずれにしても練習である。それも実際場面において、対人的な相互関係の中で解決されるべきやり取りを練習する方法を以下に紹介していく。

仮にこの課題にＳＳＴで対処しようとすれば、まずはどうして他者とのやり取りが必要なのかという「教示」。望ましいやり取りに関する「モデルの提示」。モデルに近付くための「反復練習」。練習の効果を高めるための「フィードバック」。練習したことを実際場面で応用できるようにする「般化の手続き」といった進め方が練習の基本的手順になるだろう。

もちろん、「他者とのやり取り」といった抽象的な目標設定はＳＳＴにはそぐわないので、例えば「あいさつの練習」といった具合に内容をさらに具体化し、教師や上司、先輩、同級生や同僚、あるいは来客との対応など、さらに細分化した練習を設定することになるだろう。ときには、何かトラブルがあった場面を想定して、危機場面でのやり取りを練習することもあるだろう。

これに対して、今から紹介するのは、まさに他者とのやり取りを実際場面で作ってしまう方法である。分かりやすく言えば、練習が必要な人に、指導者の方から、数秒から数分以内で簡単に処理（達成）できる用を言いつけてしまうやり方である。それをもう少し具体的に説明してみよう。

例えば、高校の教室で授業を行っている場面を思い起こしてほしい。あくまで仮定の話だが、教室の廊下から二列目、後ろから三番目の席に、クラスで最も対人関係が不器用なＡさんが座っているとする。

その前の席に座っていたＢさんが、ボールペンのキャップを机の下に落としてしまったが気付いていないとしよう。

そうした場面を教師が見つけたとしたら、通常であればＢさんに「ボールペンのキャップが落ちているよ」と伝えるか、教師自身がそれを拾ってBさんに渡すだろう。

それを、あえて対人的なやり取りの練習をさせたいAさんに、「Aさん、Bさんが落としたボールペンのキャップを拾ってBさんに渡してください」という指示を与える。

そうすると、Aさんは、面倒だとか何とか言いながらでも、キャップを拾ってBさんに渡してくれる可能性が高い。そこで「ありがとう」、これで相互完結する。

例えば、掃除の時間が終わったときに、「Aさん、このモップを階段のところのロッカーへ戻してくれますか」と指示する。Aさんが指示に従ってくれたら「サンキュー」、これで相互完結する話だ。

こうした指示を意図的に多く与えてほしいのだが、あまり多くしすぎてはいけない。そんなことをしたら、Aさんは「どうして自分ばかりに用を言いつけるのか」と苦情を言い出しかねないからだ。「私はAさんを頼りにしているよ」と伝わる程度の、ほどほどの量が望ましい。当然のことながらこの量は、Aさんの性格とか気分によって決めていく。

これは、何をやっているのか。要するに、対人交流の動機付けを目的にした「やり取り」である。しかも、「ありがとう」という肯定的なフィードバックで終わる指示になっている点に注意してほしい。

なぜならば、対人交流への動機付けというものは、大体において相手（この場合は指導者）からの肯定的な評価によって高まりやすくなるからである。

対象が小さな子どもであれば、対人交流を動機付けるために、いわゆる「ごほうび」を与えてもよいが、この場合の「ごほうび」は、物質的なものである必要は全くない。

例えば、子どもに何らかの特典を与える方法はよく用いられる。つまり、子どもが喜びそうな役を与えるとか、反対に子どもが何らかの役から免除されるといったやり方である。シールのようなもので得点を示し、得点が何点か溜まると特典が得られるといった方法もよく用いられる。ただし、本書の主役は青年である。子どもと同じような「ごほうび」ではあまりにも芸がない。やはり年齢が上がるにしたがって「ごほうび」も物や得点といったものから、少しずつ社会的評価に結びつくものへと変化させるようにしたい。

いずれにしても、その出発点になるものは「褒められる」体験だと思う。おそらく、ここのところは大人であっても子どもであっても大差はないだろう。そもそも本書で取り上げているような人は褒められる機会が少ない。ならば、褒められる機会を待つのではなく、意図的に作ってしまおうというのが、このやり方である。

ところが、むずかしいのは、何でもかんでも褒めればよいのかというと、そうではないところだ。というのは、肝心の本人が、ここでのやり取りによって、対人的な交流に心地よさを覚えてくれなければ、褒めたことの意味自体が帳消しになってしまうからである。

例えば、先ほど例示した高校生のAさんを思い出していただきたい。前の席に座っているクラスメートが落としたボールペンのキャップを、後ろの席に座っているAさんに拾ってもらう場面だ。

ここで教師は、「ありがとう」と褒めている。

このやり取りは、教室内で行うものだから、Aさんはクラスメートの前で、言葉を用いて褒められたことになる。

Aさんが、そういう褒められ方を好きであれば、それは何の問題にもならないと思う。

しかし、ややこしいことに、仲間の前で、言葉を用いて褒められることを好きではない人もいる。そして本書の主役には、そういう一癖ある人というか、要するに素直でない人がけっこう多いのである。

そうした人の場合には、大勢の前ではなく、人目につかないところで、「さっきはありがとう」ともう一度褒めてあげた方が、フィードバックの効果は高まりやすい。

また、仲間の前で褒めるにしても、言葉でのフィードバックがあまり好きではない人もいる。例えば「すごいですね」と声を掛けても、「何がすごいのですか」とか、「当たり前のことですよ」と素直に喜ばないような人は、読者の回りにも必ずいると思う。

そういう人には、例えば親指と人差し指で作るOKマークのようなジェスチャーで褒めた方が、相手もニッコリして受け入れてくれる場合があるものだ。そのジェスチャーも、仲間の前ではなく、個人的な場面でフィードバックされるのを喜ぶ人もいるだろう。

少し余談になってしまうが、このやり方を学校で使う場合には、例えば秘密のサインで褒めるという究極の方法があるので紹介しておこう。

これは、特定の生徒に対して、「君が〇〇をしてくれたら、ありがとうという秘密のサイン（例えば生徒の方を見て右手で耳に触る）を送るから、君は分かったという意思表示として、右手で自分の眉毛に触れてほしい」というやり方を用いるものである。

これは、いわば究極の方法であるが、指導にゲーム性を付加するやり方で、特定の生徒には極めて高度な動機付けになる場合がある。ただし、このやり方は、教師の側に遊び心が必要になるので、うまくできる人もいれば、うまくできない人もいる。したがって、指導者への無理強いは禁物である。

さて、本章ではコミュニケーションを阻害する要因として想像力の制約を取り上げ、やり取りの練習を用いた支援の方法を紹介してきた。

次章では、やはりコミュニケーションの阻害要因になりやすい「決め付け」の問題を取り上げる。本章で述べた「やり取り」がコミュニケーションの潜在的な問題になるとしたら、次章で述べる「決め付け」はまさに顕在的な問題として、コミュニケーションの不調を複雑化させてしまうことが多いからである。

第三章

決め付け

本書の主役たちは、とかく物事を否定的に決め付ける。

「学校には意味がない」

「職場は自分のことを分かってくれない」

「あの課長は信用できない」

「あいつが悪い」

「どうせ自分はダメだ」

「何をやってもうまくいかない」

「こうなったのも今の社会が悪い」

などなど、いくらでも出てくる。


大切なことは、この決め付けがあると、あらゆる支援や指導が、入口の段階で停滞し、ときには頓挫しかねないことだ。

したがって、彼らあるいは彼女らの決め付けに対処できるか否かということは、われわれの指導力が問われる場になりかねない。

この難問への取組み方を示そうとしたのが本章である。まずは、この決め付けという現象について考えることから出発しよう。

こだわり

人が何かを「決め付ける」という行為は、特定の人が特定の観念なり考え方に固執するということである。そして、固執するという行為は、「こだわる」ということとほとんど同義語ではなかろうか。

それが証拠に、「こだわり」という視点から「決め付け」を見つめ直してみると、今まで気付かなかったことがいろいろ見えてくる。もちろん、指導上の手がかりも。

ともかく私は、以前から「決め付け」と「こだわり」は親戚関係にあると考えてきたので、まずはその点から述べてみたい。

さて、その「こだわり」であるが、特定の人が特定の事象や領域にこだわること、それ自体は決して悪いことではない。

例えば趣味というものは、そもそも「こだわり」がなければ成立しないものである。運動であっても、芸術的活動であっても、必ずと断言してもよいだろう。

分かりやすく言えば、特定のペットでも、特定の音楽でも、特定の劇団でも、そこに出てくる歌手や俳優でも、何であっても、かんであっても、特定の事象や領域に興味を持つ、好きになる、ファンになる、このこだわりは、間違いなく人生を楽しく豊かなものにしてくれる。しかし、次のような場合はいかがなものだろう。

本書の主役になるような人と付き合っていると、特に男性の場合において、少なからぬ頻度で軍艦マニアに出会うことがある。

小学生くらいだと、圧倒的に多いのが戦艦大和のファンである。この船には姉妹艦に武蔵があるが、なぜか大和ファンが多い。

その理由はさておき、中学生や高校生、そして大人になっても、軍艦マニアであればたしかに戦艦大和ファンの多さには、他の追随を許さないものがある。

その一方で、戦艦大和のように超メジャーなものより、もう少しマイナーな軍艦への興味を示す人も出てくる。

そうすると、戦艦大和に続く軍艦として名前の上がるのが、なぜかドイツの戦艦ビスマルクである。少し盛り上がってきたところだが、残念ながら本書は軍艦マニアの本ではないので、これ以上軍艦それ自体について述べることは避ける。

ここで注意してほしいのは、私にはそうした興味や関心の持ち方に問題があるなどと言う気はさらさらないことだ。本書の読者にも、特に男性であれば、軍艦マニアや戦車マニアは、かつてそうだった人も含め、決して少なくないと思うし、それ自体はお好きにどうぞの世界だからである。とはいうものの、次のような場合はどうだろう。

例えば高校二年生の○○さんは、戦艦ビスマルクの内部構造物については何でも知っている。もちろん、どこにどのような部屋があるのか、そこは誰の居室なのか、居室でない場合は何が保管されているのかも含めて、ともかく全て知っている。

ところが○○さんは、高校二年生になっているのに、自分の学校のどの部屋に何があるのか、どのロッカーにどのような掃除道具が入っているのかには全く無関心である。常識感覚からしてこの状態はいかがなものか。

例えば大学を卒業してある会社に就職した△△さんは、戦艦ビスマルクの乗組員のことであれば、司令官はもちろん、艦長、副長から砲手に至るまで、名前、階級、経歴は言うに及ばず、それぞれの人物の性格までよく知っている。

しかし、就職して一年になるのに、自分が所属する部門の、それも身の回りの人の名前くらいしか覚えていない。

会社の他部門にいる人、そこが自分のときどき出入りする部門であっても、幹部職員を含め従業員の名前には関心がないか、一度憶えてもすぐに忘れてしまう。

したがって、何かを頼むときでも「あのー、すいませんが……」としか言えない。こういう従業員があなたの身の回りにいたら、社会人としていかがなものであろうか。

これは、特に高校の先生にお伝えしたいことだが、学校では「先生」という便利な呼び方があるので助かるが、高校三年間を通して一握りの教師の名前しか覚えていない生徒もいるのである。「先生」という別称が大手を振って通用する学校だからまだよいが、社会人になるとこうしたことが意外な不都合につながってしまう。御用心・御用心である。

さて、いずれにしても、特定の領域以外の事象に向ける興味や関心が乏しすぎること、これはその人の社会適応を制約しかねないものになる。そうした人があなたの身の回りにいたら、その人に自分の持っている傾向なり特徴なりの気付きをサポートすることが必須の支援課題になってくる。これは「自己理解の促進」という重要な支援課題なので、本書の最終章の中でもう一度触れることになる。

その前に、ここでは「決め付け」や「こだわり」への対応について述べることが先決課題である。そこでもう一度繰り返すが、特定領域にはやたら詳しいのに、他領域には無関心であること、そうした「こだわり」は困ったものである。しかし、まあ百歩譲った場合には、それはご本人のお楽しみという側面も若干残るので、当面よしとしよう。

これに対して「決め付け」というこだわりは、とてもお楽しみで済むようなものではない。しかも、これは当事者ご本人というより、指導者を苦しめるものにもなってしまうので、「当面はよしとしよう」などと悠長に構えてはいられない。

考えてもいただきたい。あなたが何か支援を考え、それを提示したとしても、対象者に「何もしてほしくない」と言い切られたらどうするのか。もちろん、その言葉の裏には「何もしてほしくないということに決めた」という決め付けが絡んでいるのだ。

「どうせ自分は他の人と違うからダメなのだ」と決め付けているときはどうするのか。

「あいつが悪い」と決め付けているだけではなく、「腹が立つから殴ってやりたい」と口走っている場合はどうするのか。

こうした決め付けは、青年層全般を見渡してみると、決して最近増えてきた現象ではなく、実はずっと以前から一定不変の人が示し続けてきた周囲を困らせる言葉の一つである。そのため、指導者や支援者はいろいろな介入法を工夫してきたのだが、どうも従来のやり方だけではうまくいかないようだ。なぜなら、この「困った相談」は、私に寄せられる相談事項の中核に「燦然と」輝いているからである。

さて、特定の人に周囲を困らせてしまう言動があるとき、伝統的に用いられてきた介入手続きには、対象者の否定的な言葉を受容し共感していく方法と、反対に反論し説諭する方法がある。そこで、まずはこの先人が積み上げ、現在も主流として用いられている代表的な指導法について振り返ってみたい。

受容と共感

例えば受容を用いる方法の場合、対象者が「何もしたくない」と決め付けているときは、「そっとしておいてほしいのですね」とか、「干渉されたくないのですね」と、対象者の言葉を受け止めていく。

「自分は他の人と違うからダメだ」と決め付けているときには、「皆と違うように思えてしまうことが苦しいのですね」と、対象者の言葉だけではなく、背景にある感情も含めて共感していく。

対象者が、「あいつは腹が立つから殴ってやりたい」と打ち明けたときには、「そこまで腹が立っているのですね」と受け止め、その言葉自体を否定することはしない。

そうした受容や共感によって、対象者は自分のネガティブな思考や感情に向き合いやすくなり、たとえ受け入れがたい感情であったとしても、少しずつ自我への統合が図られやすくなる。これが受容や共感に基づく介入法の基本的な考え方である。あえて言うまでもないことであるが、この介入手続きはいわゆるカウンセリング・マインドと呼ばれる人間観につながるもので、それはそれとして大切なものだと思っている。

ただ、とても残念なことに、対象者の決め付けが強い場合には、このやり方はうまく機能しないことが多い。

そうしたときに、世の中には「それでも対象者にじっくり寄り添うべきだ」という考え方に立つ人もいるものだ。

しかし、そういう立場の人には申し訳ないが、それにはとてつもない時間がかかる。

ときには、そうした時間も必要だとおっしゃる人もいるかもしれない。

ただ、とても言いにくいことではあるが、私は時間をかけて寄り添っているうちに崩壊してしまった子どもや青年を、嫌というほど見てきた者の一人である。

しかも、対象者を崩壊させてしまった責任は誰も取らない。

強いて責任を取るとしたら、崩壊したことによって、周囲にとてつもない迷惑をかけてしまったご本人である。

これでは、責任を取ったのではなく、取らされているのと同じことだ。

誤解されると困るのだが、ここでの私は受容し共感する手続きを批判しているのではない。受容し共感することは、対象者との信頼関係を形成するための基本的な手続きであり、それは対象者の人間性を大切にすることでもあることくらいは承知しているつもりだ。

ここで私が言いたいことは、他のことならいざ知らず、対象者に決め付けがあるとき、不用意にその言葉を受容してしまうと、対象者はさらに自信を持って自己中心的な決め付けを強めてしまいやすいという一言につきる。相手のためを思ってしたことが罪作りになってしまうとは、まさにこのことではないだろうか。

反論と説諭

もう一つの伝統的な介入手続きが、対象者に反論し説諭するやり方である。

例えば、対象者が「何もしてほしくない」と決め付けていれば、「今はそんなことを言っている場合ではない」と反論する。「自分は他の人と違うからダメだ」と決め付けていれば、「他の人だって苦労しながらやっているのだから、君も私と一緒に頑張ってやってみないか」と反論し説諭する。「あいつは腹が立つから殴ってやりたい」と言う場合は、「あの人は君が思っているような話の分からない人ではないよ」と説諭し、あるいは「それは君の一方的な思い込みだ」と叱責する。

まあ、指導が行き詰まってしまった指導者が、対象者に向かって反論したくなる気持ちはよく分かる。それこそ指導者に「苦しいところですね」と共感したいくらいだが、少し待っていただきたい。

そこで、もう一度事例を示すが、自分本位な自己主張に終始している人に、「あなたの言っていることは変ですよ」と反論する。虚言の多い人を、「なぜウソばかりつくのか」と追及する。話し合っている最中にキョロキョロしてしまう人に、「私の方を見なさい」とか「君のためを思って話しているのだよ」と叱責し説諭する。つむじを曲げている人に、「素直になりなさい」と説諭する。黙して語らず状態の人に、「何か言ったらどうだ」と叱責する。あるいは「言いたいことがあれば言ってほしいな」と懇願する。

そうした指導で何かが変わるのだろうか。もし変わるとしたら、指導者と対象者の関係性をさらに悪化させるのがオチではなかろうか。

なぜならば、この指導法ではうまくいかないことが多過ぎるからである。そうすると何が起こるのかを考えていただきたい。やってもうまくいかないことは、指導する側にもされる側にも、悪性のストレスになってしまう。それは新たな叱責を増やし、指導者の新たな叱責は対象者の新たな反抗を増やす。まさに相互不信の温床である。

忘れてはならないことは、あなたのお相手は「○○することに決めた」あるいは「△△しないことに決めた」と決め付けている人なのである。だからむずかしい。

既述のように、受容や共感を与えれば、あなたのお相手はさらに自信を持って決め付ける。反論や説諭を与えれば、あなたのお相手はさらに現在の決め付けにしがみつく。ともかく、やっかいさの本態はここにあるのではないかと思う。そこで、なぜ受容することも反論することもうまくいかないのか。この疑問に対して、私なりの答えを示すとすれば以下のとおりである。

あい路

従来行われてきた伝統的な指導手続きがうまくいかない理由、それを私は「決め付け」のある人に向けられる受容や共感、そして反論や説諭、そのいずれもが、実は「同じもの」になってしまうからだと考えてきた。

つまり、一見したところ受容と反論は全く正反対の対処法であるように思えてしまうが、実は両者には同じところがあるのではないかという考えである。

その同じところとは、指導者が対象者の言葉を「真に受けている」ということ、もっと言うなら「鵜呑みにしている」ところではないかと思うのだが、いかがであろう。

私のこの提案には、おそらく読者の疑問符がいっぱい付くところだと思う。もう少し説明してみよう。

例えば、指導者が対象者の言葉を真に受け、言葉の背景にある感情の部分まで含めて受け入れる手続きをわれわれは受容と呼ぶ。

反対に、指導者が対象者の言葉を真に受け、疑問点をもう一度対象者に投げ返す、あるいは間違っていると思われる点を対象者に問い質す手続きをわれわれは反論と呼ぶ。

お分かりいただけただろうか。対象者の言葉を指導者が結果的に内在化させているのか、外在化させているのか、この違いはあるにしても、ともかく「真に受ける」ということ、ここがまずいと思うのだ。それがどうしてまずいのか。

そこで私が、「対象者の決め付けには大した理由がないからだ」と主張したら、読者はどう思われるだろう。その心は、つまりこういうことである。

われわれは、生まれてからこれまで、「何が」「どうして」「どうなった」という文脈の中で社会的行動を学習してきた経緯がある。だから「物事には何か理由があるはずだ」という思考回路が、どうも頭の中に刷り込まれているらしい。ともかく、われわれが他者の言動の意味を理解したがる習性は、その最たる証拠のように思えてくるがいかがであろう。

「何かがあるはずだ」「何か嫌な経験をしたに違いない」「悩んでいるのだろう」「愛情欲求が満たされていないのではないか」「母子分離の不安があるようだ」「要するに意欲が乏しいのだ」「何かで注目を引こうとしているのかも」「わがままに違いない」「わざとしているのではないか」「相手によって態度を使い分けている」「発達障害があるからだ」などなどである。

それが当たっていれば、そうした内面的な理由を受容することには意味があると思うし、理由如何によっては反論が必要な場合も出てくるだろう。

しかし、そもそもそうした理由などあまりなかった場合には何が起こるのか。お察しのとおり、受容することも、反論することも、根底からその意味を喪失しかねないということだ。

ここは極めて大切なところなので、もう少し説明してみたい。

私は、本章の冒頭部分で、「決め付け」とは自己の認知や行動の様式を必要以上にパターン化し、それに固執する傾向の強さ、すなわち「こだわり」の一形態としてとらえ得ると述べた。もし、そこにこの問題への答えが潜んでいるとしたらどうだろう。

つまり、そもそも「こだわり」という行為は、特定のイメージなり事象なりに対象者が「こだわる」ことに意味があるのであって、イメージや事象それ自体には、それほど大きな重みなどない場合がある。

換言すれば、当事者にとっては「こだわる」という場の構造化の方が重要であって、われわれが気にしがちな「こだわってしまう理由」については、それを対象者に問い質しても、せいぜい「それがどうした」という程度のものしか返ってこない場合が多いと言えばお分かりいただけるだろうか。

具体的な事例で説明すると次のようなものである。

本書の主役になるような人には、自己中心的な自己主張でもって、周囲を振り回すだけ振り回しておきながら、自分だけがケロリとする不思議な行動がある。

例えば同じ職場に勤めるAさんの小さな失敗にこだわって、「お前がぼんやりしているからこんなことになるのだ」と攻撃的になり、Aさんをとても不快な気分にさせて帰宅した人がいたとする。

翌朝この二人がバッタリと顔を合わせてしまった。

Ａさんにしてみれば、昨日の嫌な気分の余韻が十分残っている。ところが、前日に嫌なことを言い放った本人はケロリとして「おはよう」と言ったりする。

Ａさんにしてみれば、「お前は何を考えているのだ」と言いたくなるところである。

この人は、なぜケロリとしたのだろう。それは、興奮したことに大した理由などなかったからだ。

それではなぜ興奮してしまったのだろう。

多くの人であればほとんど問題にしないようなことに「こだわった」からだ。

それでは、なぜ相手を不快にさせるようなことを言ったのだろう。

その理由は、Ａさんが嫌いだったからではない。これには前章で述べたコミュニケーションの不調が絡んでおり、不快なことを言われたＡさんの気持ちを想像できなかったからである。

もう一度全体を見渡してみよう。

この人は、Ａさんの絡んだ「ちょっとした不快感」にこだわって興奮してしまった。しかしそれには大した理由などない。だから興奮が治まれば自分だけがケロリとしてしまう。

しかし、ご本人がケロリとしても、Ａさんはそうはいかない。ここから新しいトラブルの火種が生まれる。われわれとしては、Ａさんが大人であることを祈るばかりだ。

さて、われわれのお相手にはこういう困った人が多いのである。要は、「何が」「どうして」「どうなった」である。この図式の上で行動が展開していれば、われわれには相手の行動の意味を納得しやすくなる。たとえネガティブな行動であっても、「そうか」という納得が満たされやすいというものだ。そうすると、従来の受容や反論という伝統的な介入手続きがうまく機能する可能性が高まる。

そこに「こだわり」という別の図式が入り込むとどうなるのか。そもそも、われわれは対象者の訴えに、納得のいく重みがあれば、十分な関心を持ってその言葉を傾聴できるものだ。それでもこれのできない人は、カウンセリング・マインドの勉強をしていただきたい。

しかし、こだわっている人の自己主張というものは、自己主張への固執の部分は十分過ぎるほど感じられるのだが、肝心の「なぜそこまで固執するのか」という自己主張の理由の部分がわれわれに伝わってこない場合が多い。

だから、あの人たちの自己主張は、往々にして自己中心的だと解されやすくなる。そうすると何が起きるのか。

要するに、対象者の「こだわり」の直撃を受けている人は、対象者のことを心配する前に、対象者によってイライラさせられてしまう。これが典型的な「決め付け」や「こだわり」のメカニズムだと私は考えてきた。

この辺りを理解していないと、従来の伝統的な介入手続きは、対象者理解や対処の焦点がずれたものになりはしないか。私は、こうしたことが指導上の「あい路」になっていると以前から考えてきた。それではどうしたらよいのだろう。

肯定的フィードバック

本書の主役になってしまうような青年について、受容してもうまくいかない、かといって反論してもだめなとき、われわれが身に付けておくべきことは、おそらく「こだわり対応」の秘訣だと思う。

その秘訣を一言で述べるとすれば、指導する側が、対象者の「こだわり」にあまり「こだわらない」ことである。

前節でくどいほど述べたように、受容や反論に基づくやり方は、この段階ですでに及第点が取れない。なぜならば、両者は対象者の言葉を「真に受ける」ところから出発するのだから。

それでは、実際にはどうするのか。

一般的によく用いられるのは、対象者の視点を少し変えるための働き掛けである。

つまり、彼らあるいは彼女らは、過去に経験したことに対して、著しく被害的な思い込みを持っている場合が多い。あるいは現在起こっていることへの、著しく一方的な思い込みを持っている場合もある。

それが些細なことであっても、あの人たちには思い込むこと（こだわること）に意味があるからだ。

だったら、そうした人たちの視点を過去や現在にではなく、未来へ向けてみよう。「明日から何をするのか」「来週の月曜日からの予定」「就職が内定する前にしておくこと」などなど、よく用いられる指導法だ。

おそらく、視点を少し変えるようにした方が、決め付けやこだわりに共感したり、反論したりするやり方より、こだわり状況が緩和される可能性が高いからである。

しかしその一方で、このやり方を採用してもうまくいかない場合がある。例えば、せっかく対象者の視点を未来へ向けたとしても、「将来のことなど考えていない」とか、「そんなことを考えても意味がない」と言い張ってしまう人がかなりな頻度で出現するからだ。その言葉を受容したり、反論したりしていては、前節で述べたことと同じあい路に陥ってしまう。

そこで、受容とも反論とも異なる第三の方法として、「肯定的フィードバック」というやり方を紹介してみたい。このやり方を、受容や反論のフィードバックと併記して示すと以下のとおりである。

例えば対象者が「何もしてほしくない」と言い切ってしまうときには、「そっとしておいてほしいのですね」と受容したり、「そんなことを言わないで、一緒に考えてみよう」と反論するのではなく、「何もしてほしくないと自分の意見をはっきり言うのは大切なことだよ」とフィードバックする。

「自分は他の人と違うからダメだ」と決め付けているときには、「他の人と違うように思えてしまうのですね」と受容したり、「苦しいのは君だけではない」と反論するのではなく、「自分と他人の違いが見えてくることはすごいことだよ」とフィードバックする。

「あいつは腹が立つから殴ってやりたい」と打ち明けたときには、「そこまで腹が立っているのですね」と受容したり、「君にも問題があるのではないか」と反論するのではなく、対象者はまだ殴っていないのだから、「そこまで腹を立てているのに我慢している君はすごいよ」とフィードバックする。

受容や反論に比べて一癖あるフィードバックの仕方をお分かりになっただろうか。

この肯定的フィードバックを指導体系の中で最も多く用いるのは、おそらく第二章で少し触れたソーシャルスキルトレーニング（ＳＳＴ）だと思うので、ＳＳＴの説明を通して、肯定的フィードバックの特徴を明らかにしておきたい。

さて、既にお断りしたとおりＳＳＴに関する専門的な解説は他書に譲るが、ＳＳＴでは社会的行動を増やしていくための練習を計画的に進めていく。実際の練習の仕方は、子どもの場合であればゲームや遊び、ときにはキャンプや遠足といったイベントを活用し、その中に社会的行動を練習する機会を計画的に盛り込んでいく。

本書の対象になるような青年の場合なら、もう少し本格的に集団活動の企画や立案、そして実行の場面を活用するとか、特定の社会的な場面、例えば「あいさつ」「お礼」「意見が対立した場面」などを模擬的に設定し、役割演技（ロールプレイ）を行うなどの方法で練習を進めていく。

読者の中には、ＳＳＴを実際に活用しておられる人もいると思うが、これを本書の主役たちに適用すると、たしかに社会的行動の未成熟さが目立ってしまう場合が多い。ときには、練習の場面ではうまくいくが、実際場面での応用段階（般化の手続き）で行き詰まる人もいる。

そうしたときに、「○○君、そのやり方はまずいから、こうした方がいいよ」というフィードバックを行うと、練習が効率的に進まなくなってしまうことがある。「そのやり方はまずいから」という否定的な部分が、練習や応用への意欲を阻害してしまう可能性が出てくるからである。

たしかに○○君はやり方がまずかったり、下手であったりすることはあると思うが、どのような練習場面であっても、必ずうまくいっている部分はあるものだ。

例えば、あいさつの練習をしていたとして、身体をあいさつの相手に正対させることはできていたが、声が小さかったとする。その場合には、声の方に否定的なフィードバックを与えるのではなく、身体を相手に正対できたことの方に肯定的なフィードバックを与える。

ＳＳＴにおいては、「あいさつ」というスキルを全体的にとらえることより、あいさつをするときの姿勢、目線、表情、頭の下げ方、声の大きさ、発音の明瞭さ、言葉遣い、服装など、あいさつという社会的行動を構成している要素的な行動の練習を行い、その後全体的な調整を図る練習につなげるわけだから、○○君の声が小さいことは別の課題として練習を組み立てるのが適切なのである。

また、ＳＳＴは個別的に実施することもできるが、小集団でのグループワークの方が練習効果は高まりやすい。そうすると、同じグループに参加していた△△君が、「○○君の声が小さ過ぎます」と批判的な意見を出す場合がある。

そうしたときに指導者は、その意見を○○君に対する批判としては取り上げず、「△△君から声の大きさに関する意見が出てきました。とても大切なところなので、皆で声の大きさについて考えてみましょう」とフィードバックするのが望ましい。

もちろんこれは、○○君が他者からの批判によってＳＳＴへの参加意欲を低めてしまわないようにする布石の一つであるが、同時に△△君に対する肯定的フィードバックになっている点に注意してほしい。

この肯定的フィードバックは何のために行っているのか。その答えは既に書いてしまったが、要するに動機付けを高めるという大目標を意識してのものである。

俗っぽい言い方をすれば、「やってもいいかも」という状況を作る。つまりやる気を持ちやすくする雰囲気を作るということである。

むずかしく言えば、特定の行動を生起しやすくし、あるいは生起した行動が維持されやすくなるように手助けする刺激（プロンプト）を与えるということになるが、要はどちらでも同じことだと思う。

さて、ＳＳＴに関する説明が少し長くなってしまったが、肯定的フィードバックの特徴を伝えたかったこと以外に他意はない。要するにこのやり方は動機付け方略の一つだが、それだけではなく、決め付けやこだわりに対処する場合にも、けっこう使える可能性が高い。

なぜなら、このやり方は対象者が語っている言葉の内容（意味的な部分）にはほとんど頓着していないので、対象者の「決め付け」や「こだわり」とは少し違う部分に焦点を当てていること。

それも、例えば「自分は何をやってもうまくいかない」と対象者が決め付けている場合であれば、その部分は意図的に無視しているということ。

しかもその無視は、あからさまな無視とは異なり、自発的な発言があったこと自体は否定せず、要するに対象者のプライドを満たす無視になっていること。

だから「自分の考えをはっきり伝えてくれる君は素晴らしいよ」という肯定的なフィードバックになるということである。

おそらく、このフィードバックが受容とも反論とも決定的に違うのはこの部分だと思う。そしてこれがあるからこそ、このフィードバックの返し方は、決め付けやこだわりの強い人に適するやり方になっている。

なぜならば、受容したり反論したりするやり方に比べると、このフィードバックによって、指導者が対象者の言葉に巻き込まれる危険性が大幅に予防できるということ。そしてもっと大切なことは、対象者自身にとっても、自分を縛っている自分自身の固執的な観念から、少しだけ解放される可能性が高まるというところではないかと思われる。

いずれにしても、ここで私が論じていることは、あの不器用な人たちの「決め付け」や「こだわり」を、少しだけマネジメントするきっかけ作りのアプローチに他ならない。

ただ、全国各地で行っている講演会やワークショップでこのフィードバックを取り上げると、どうしても「それはたしかにマネジメントの方略だとは思うが、悪く表現すれば『その場しのぎ』の指導法ではないのか」という誤解を与えるところもあるので、そうならないように注意している。

たしかに、肯定的フィードバックによって指導場面の雰囲気を少し変える効果には期待はできると思う。また、そうすることによって対象者の頑なさを少し緩和できる可能性もあると思う。しかし、それだけでは対象者の認知的変容にまでたどり着くことはおそらくむずかしい。というよりも、そもそも本書の主役たちにとっては、「決め付ける傾向」や「こだわる傾向」を変容させること自体がむずかしい課題なのである。

だからといって、私は現状で放置してよいなどとは少しも思っていない。対象者の認知変容の可能性を高めるアプローチについては、次章や最終章でも触れるが、どう考えても次につながるポジティブな連鎖の可能性を高めることが重要なのである。

だからこそ、次につなげる「(適切な) その場のしのぎ方」には大きな意味があると思う。

受容しても、反論してもうまくいかない硬直化した状況を少しだけマネジメントする。

指導者と対象者との人間関係の悪化を予防し、前章で述べた「相互完結のスタイル」でのやり取りを活性化させる。

そこにつなぎやすくする動機付けの方略、それに用いてこそ肯定的フィードバックには大きな意味がある。なぜなら、肯定的フィードバックは対象者にとても優しいフィードバックなのだから。

なお、この介入手続きは、次章で述べる暴言対応においても、重要な役割を演じることになる。暴言とは、前章で述べた「コミュニケーションの不調」と、本章で述べた「決め付け」や「こだわり」の後押しを受ける問題行動だからである。

第四章

暴言

本書の主役になるような青年には大人しい人が多い。

もちろん、おしゃべりな人はいる。しかし、乱暴な口のきき方をする人は意外に少ない。表現の仕方はむずかしいが、例えば「標準語に近いイントネーションでの早口・多弁」というイメージが伝わるだろうか。まさにそんな感じの人が多いのだ。

全般的に見れば、堅苦しく、融通がきかず、道徳教育の鏡のようなことばかり言って、その場を白けさせてしまう人の方が多い。

それはそれで問題だと思う。とはいうものの、前章でも使った表現で恐縮だが、まあ、当面それはよしとしておこう。

そうした反面で、とても悠長に構えていられない人もいる。それが、本章で取り上げる「暴言」を吐く人たちだ。

悪口雑言

本書の主役たちの中には暴言を吐く人が含まれている。そう、まさに「言う」のではなく、「吐く」のである。

どんな暴言を吐くのか。それは、聞くに堪えない理不尽な言葉、無理な要求、要するに悪口雑言である。まあ一度聞いてみてほしい。

例えば母親を「お前がオレを産んだのが悪いのだ」と怒鳴りつけ、「(太っていることを）こんな身体にした責任を取れ」とわめき、「親らしいことをしたことがあるのか」と悪態をつき、両親に「こんな育て方をしたのは誰だ」と吠えさかる。それればかりではない。失職した父親に「お前が会社を辞めたのが悪いのだ」と息巻く。こうした家族への暴言は、それこそ家庭内暴力でもあれば常套句と化す。

例えば、教師や会社の上司に、「お前が悪い」「謝れ」「パワハラで訴えてやる」「クビにするならしてみろ」「その結果がどうなるか分かるようにしてやる」まさに脅迫だ。

職場であれば、「そんなに嫌ならもう来なくてもいいよ」と言い返す方法もあるが、高校生の場合だとそう簡単にはいくまい。

例えば学校のクラスメートや職場の同僚にも、「死ね」「お前の存在そのものが不要なのだ」「呪いのメールを送ってやる」などなどひどいものだ。

学校の場合だと、そんなひどいことを言われた生徒が不登校になってしまうことも珍しくない。これは「陰湿ないじめ」として、もっと深刻な問題に発展することもある。

こうした暴言に読者ならどう対処されるのだろうか。

本音を言えば、真正面から反論したいところである。「君、それは人間として言ってはいけない言葉だ」と。

しかし、そうした反論はまずうまく機能しない。考えてもいただきたい。反論されて「そういえば中学校の人権教育の時間に教わったことを思い出しました」と分かってくれれば何の苦労もいらないことだ。実際には、暴言を吐く人はそうした反論に対してもっとひどい暴言を吐く。ときには暴言にとどまらず、暴力にまで発展することもある。

一方、こうした暴言への傾聴・受容などはやめるべきだ。人間として到底受け入れることのできない言葉を受容することなど、指導者にとっては最たる自己矛盾につながる。自己矛盾をかかえた受容の後に起こることは、指導者が偽善的な状態に陥るか、自分自身の在り方に苦しむか、おそらくそのどちらかだ。そのどちらになっても、指導者にも指導対象者にも益はない。だったら、最初からそんな状態は作らない方がよい。

また、そもそも暴言というものは、最強度の「決め付け」である。一方的な決め付けでなければ、とてもあんなことは言えない。

ただ、この「決め付け」には、前章で述べたものと少し違うメカニズムが働いている。それは、その場の感情的な要因が前章での「決め付け」に比べて桁違いに強いことである。この点は後に詳述する。

なお、悪口雑言を吐く人も、広い意味での「こだわり症候群」だと思う。相当強度なこだわりでもなければ、あれほどの極論などとても言えるものではないからだ。

ともかく、「決め付け」や「こだわり」に対しては、受容も反論もうまく機能しないことは前章でくどいほど述べた。かといって、前章で推奨した肯定的フィードバックを暴言対応として用いるのもまずかろう。なぜなら、とてもではないが、暴言には肯定できるようなところなど無いのだから。

そこで本章では、受容、反論、肯定的フィードバックに続く第四の指導手続きとして「無視」という方法を提示する。ただし、その前にもう少し暴言の本質に迫ってみよう。

この恨みー！

そこでもう一度前章を思い起こしていただきたい。それは私が、「あの人たちの『決め付け』や『こだわり』には大した理由などない場合が多い」と述べたところだ。

あの人たちの暴言にも同じことが言えると思う。いや、それ以上に大した理由などない場合が圧倒的に多いのではないか。こう私が主張したら読者のご感想はどうだろう。

そこで考えていただきたい。「あの人たちが暴言を吐くのはどんなときか」と。

例えば、友達に「死ねー」と暴言を吐くような人。この人は朝から晩まで「死ねー」とわめいているわけではない。おそらく、それは特定の場面で限定的に発現しているはずだ。

例えば、相手が自分の思ったように動いてくれなかったとき、その場の状況が自分の思いと異なったとき、あるいは、相手と取り決めた「予定」が知らないうちに「変更」になっていたとき（この予定変更は、知らないうちにではなく、ご本人の不注意で聞きもらしているだけの場合が多い）。

そうした場面でこの人たちは、「違うじゃないかー」と言い始め、それでも状況が変わらないと、「死ねー」という暴言が表出する。

お分かりいただけただろうか。これはとても冷静な状態ではない。一言で片付ければ、これはその場の感情（怒り）に任せて、「それを言ってはおしまいよ」という言葉が口から飛び出した状態である。

換言すれば、これは現状をどうしたらよいのか、今の見通しも先の見通しも持てない状態、かといって周囲に助けを求めることもできない状態、すなわち典型的な混乱状態、要するにパニックなのだ。

つまり、こうした状況において、その場の感情に任せて口から飛び出した言葉には、それほど深い意味などあるはずがない。まさに怒りによる口の暴走である。もしこれに深い意味があったとしたら、「この恨みー、晴らさでおくべきかー」、まるで四谷怪談のお岩さんだ。やめてほしい。

だから、あの人たちはことが収まるとケロリとすることが多い。そう、これも前章でのケロリと同じだ。あなたの回りにいないだろうか。例えばこんな人である。

あなたにとってはお客さんに近い間柄の「ある人」が、ものすごい勢いであなたに文句を言ってきた。非常に不快だったが、お客さんに近い人なので、「申し訳ございません」と感情を押し殺して謝った。あなたは大人だ。素晴らしい。

その後何日かして、その人がまたあなたに電話をかけてきた。今度は何の文句かと嫌々出て見ると、その人からは開口一番「いつもお世話になっています」というあいさつが返ってきた。

これは落語の小咄ではない。そもそも暴言とはそうしたものである。もしあなたが学校の教師であれば、これに類する経験を何度も積んでおられ、「うんうん、そうそう」とニンマリしながらお読みになったはずだ。お相手が誰だとは言わないが……。

いずれにしても、この種の話は巷に溢れている。その証拠に、新聞を開けば毎日のように次のような記事と出合うはずだ。

「街で通りすがりの人と喧嘩になり、相手に大怪我を負わせて逮捕された人が、『怪我をさせるつもりはなかった』と供述している」そんな新聞記事である。

感情に任せた行動というものは、だいたいにおいてそんなものである。そして、喧嘩のときはだいたいにおいて、「きさま殺してやろうか」という暴言と罵声が飛び交うものだ。そんなところは見たくもないし、想像もしたくないが、ともかく私はこれが暴言の本質だと思っている。

正攻法

こうした暴言に対処する正攻法の指導があるとすれば、まずはその人の社会性を高めることだと思う。また、暴言を吐く人には相手とのコミュニケーションに課題のある人もいる。その場合には、第二章で述べた「やり取りの練習」が必要になることもあろう。さらに、暴言を吐く人には何らかの「決め付け」や「こだわり」が絡むこともあるので、前章で述べた「こだわり対応」が必要になる可能性は高い。

あえて言うまでもないことだが、ここで私が正攻法と呼んでいる指導法は、いずれも基本を大切にするやり方である。したがって、どれをとっても、安全で確実な方法であることには間違いないと思う。

ただしかし、いかんせん正攻法というものは、安全であるだけに一般的に見ると即効性の部分が弱い。一方、暴言というものはだいたいにおいて即時的に発現するものなので、ときには正攻法を適用している最中にでも起こってしまうかもしれない。そこで、われわれがその暴言に即時的な対処ができなければ、その場でいくら正攻法を論じていても、「何をか言わんや」になってしまうだろう。

やはりわれわれには、正攻法の習得はもちろんとして、実際に暴言が起こってしまったときの、即時的な対処法を身に付けておく必要がある。これも一つの結論だと思う。

これは前章で述べた、「その場の（適切な）しのぎ方」と同じことだが、暴言対応においてはそれが前章以上に重要な意味を持ってくる。

無　視

暴言を吐いている人に反論してもあまり効果はない。そのメカニズムは今まで繰り返し述べてきた。

指導する側が「感情的になっている当事者」の言葉を真に受け、それを否定しようとしても、当事者はますます感情的な言葉、すなわち暴言にしがみついてしまう。その結果、その人はもっとひどい暴言を吐きやすくなる。ともかく、反論によって暴言を操作することはむずかしい。

まして暴言を傾聴・受容することなど狂気の沙汰だ。やめてほしい。

かといって「正攻法の指導」を適用したとしても即効性が弱い。

それならどうしたらよいのか。せめて、適切なその場のしのぎ方はないものだろうか。答えを先に書いてしまうと、暴言に対処する最も効果的な指導法は無視することである。相手にしないのが一番だ。

ただ、実際場面では、暴言を無視するのは至難の技である。そもそも、たとえ教育上ないしは指導上の配慮であったとしても、あんな好き勝手を言わせておいて、それを放置するのはいかがなものか。しかし、それを知った上であえて無視すると何が起きるのか。これは十分な考察に値する場面だと思う。

暴言を吐いている人を周囲が無視すると、暴言を吐いた人は、間違いなく無視されたことに反応する。その反応が、暴言の沈静化につながるものであればよいのだが、実際は逆の場合が多い。つまり、暴言を吐いた人が暴言を無視されると、大抵は無視されたことに反応してさらにひどい暴言を吐きやすいのである。

これは、暴言を吐くことによって相手や状況を支配してきた人が、そのやり方が通用しなくなったことへの反応として示す興奮だ。要するに、いままでは暴言によって得られたものが得られなくなったことへの反応（混乱）という意味で、「消去バースト」と呼ばれるものである。

それでも周囲が無視を続ければ、やがて指導対象者の暴言が減るか、暴言は減らなくても、暴言を吐いていた人が無視される場所には出入りしなくなるか、どちらかの可能性が高まる。

問題はその間の増悪期に周囲が耐えられるのかどうかということと、その人が指導者の目の前から消えてしまってもいいのかという二点だろう。

つまり、消去バーストは一時的に状態像を悪化させやすいので、興奮して暴言を吐いていた人がさらに興奮し、暴力を振るうこともあるのだ。これでは、せっかくの指導が本末転倒したことになる。

暴言に対する無視は、指導の方法論としては正しいと思うが、暴力的な危険性を高めてしまう可能性があれば、われわれはその指導法の採用には慎重であるべきだ。

それがあるから、私は暴言に対する形式的な無視の採用には反対してきた。同じ無視するなら、もう少し利口な無視の仕方を工夫した方がよい。

それともう一つの問題、すなわち暴言を吐く人がわれわれの目の前から消えてしまってもよいのかというところだ。

その人が目の前から消えてしまって、「ああ清々した」で済むのであればそれもよかろう。しかし、支援というものは本来そういうものではない。われわれはその人が目の前にいるから何かができるのであって、その人が目の前から消えてしまえば、できることなどほとんどなくなってしまうのだ。

これはとても大切なポイントである。われわれは直接観察可能な状態において、対象者に何かを働きかけることができる。観察不能な状況にある人に対して何かを働きかけようとしても、それは幽霊に対して何かをしようとするのとほとんど同じことなのである。

たとえ、如何に迷惑千万な人であろうとも、観察可能な場所にいてもらえれば、われわれには何かができる可能性がある。

さて、その何かである。

また心にもないことを

私は若いころから非行少年を相手にする仕事をしてきた。あの人たちは、周囲の人を不快にさせることが多いし、少し思ったようにならないと暴言を吐きやすくなる。

だからといって、私は非行少年の暴言に、反論や叱責などの指導手続きをほとんど用いなかった。彼らの暴言に対して反論や叱責が有効でないことは百も承知であったし、有効でない指導法を用いても、疲れるのは指導者の方だということも承知していたからだ。

さて、あなたの周囲に暴言を吐く人がいる場合、それが非行のある人とか、ない人とか、そういったことには一切関係なく、ぜひ次の一言を投げかけてみてほしい。

「また心にもないことを」と。

まず、この言葉でフィードバックすると、反論を用いた場合より、あなた自身が少し楽になっていることに気付かれると思う。

また、暴言を吐いた人も、一般的にはあなたが反論し、叱責した場合に比べると、多少穏やかになっていることが多いと思う。

特に、あなたが施設や学校の先生である場合には、この一言は職業上の台詞だとお考えになり、指導対象者からの暴言に困られたとき、一度だまされたと思ってお使いになることをお勧めする。もちろん、対象者の中には、冷静になるどころか、ますます興奮して暴言を吐く人もいると思う。そうしたときには、再度「また心にもないことを」とフィードバックしてほしい。

もしかすると、それでもさらに暴言を繰り返す人もいるかもしれない。そうした場合でも、「また心にもないことを」と反復してほしい。

三回くらい繰り返すと、暴言を吐くような人は「お前は『また心にもないことを』しか言えないのか」とわめき散すかもしれない。そうしたときにも、「だって心にもないことだろう?」と応じる。お分かりだろうか。言い方を変えないところがポイントである。この方法は問題行動対応に用いる言語的媒介としては、かなり行動制御力が高いもので、「ブロークンレコード・テクニック」と呼ばれることもある。要するに壊れたレコード盤のように同じところ（言葉）を繰り返すからだ。

私はこのやり方を、学校の教師への研修でもよく取り上げるのだが、特に初任者研修などでは、ほとんどの先生方が「レコード盤」というものを知らない。いやはや時代はどんどん変わるものだとつくづく思う。今の若い先生方はコンパクト・ディスクしかご存じないのだ。

さて、脱線したので話を元に戻す。

まず、同じ言葉の繰り返しがどうして問題行動を制御しやすくするのだろうか。それは、同じ言葉を繰り返しながら、暴言を無視しているからである。

つまり、この繰り返しには、言外にこんな意味が込められている。

「私はあなたの暴言は無視します」または「そんなことを言っている間は、私はあなたのお相手はしませんよ」。

暴言というものは、ともかく周囲を巻き込むものだ。なぜならば、まともに相手をしようと思えば、暴言の言葉に対して反応せざるを得ないからである。

その瞬間から、われわれは暴言を吐く人の支配下に入り込んでしまう。だから、前章でくどいほど述べたように、対象者の言葉を真に受けて反応する反論という指導手続きはうまくいかない。

そこで無視による指導手続きが生きてくるわけだが、形式的な無視、つまりだまって横を向いてしまうような、あからさまな無視をすれば、暴言を吐く人はその部分に反応して、さらに興奮する可能性がある。既に触れた消去バーストというやっかいな現象である。

かといって、先ほど言外の意味として書いた「私はあなたの暴言を無視します云々」を言語化して伝えれば、それは単なる反論になってしまう。

これに対する、「また心にもないことを」という一癖ある無視の仕方について整理してみよう。

この言葉は、対象者の暴言の内容を全く問題にしていないのだから、立派な無視である。しかし、暴言を吐く人に対して「また心にもないことを」という、否定でも肯定でもない、しかし聞き方によっては暴言を吐く人のプライドを微妙にくすぐる言い回しをしているところが意味深長である。つまり、暴言というものは、既述のとおりその場の感情に任せて「それを言ってはおしまいよ」という無茶苦茶な言葉が口から飛び出してしまった状態である。要は「頭にきた」ということ以外に深い理由など通常はない。

したがって、その言葉を真に受け、あるいは鵜呑みにして反論されると、暴言を吐いた人には逃げ場所がなくなってしまう。

それに対して「また心にもないことを」というフィードバックには、暴言を吐いた人にも逃げ場が用意されている。もちろん「あなたが本気でないことは分かっているよ」という逃げ場所だ。ただし、その意味の部分を言語化はしない方がよい。そこまで具体的に言ってしまうと、今度は暴言を吐いた人がこちらの言葉に反応して、「オレは本気で言っているのだ。馬鹿にするな」とややこしいことを言い出しかねない。やはり、「また心にもないことを」くらいがいいだろう。

これで暴言を吐いた人が少し楽になる場合もある。それが証拠に、私は何人もの暴言多発者に使ってきたが、暴言を吐いた人がニヤッとする場面を何度も経験している。

ただ、この一癖ある言葉は、あまり使い過ぎるとよくない。特定の言語刺激が新鮮さをなくすと、間違いなくインパクトが低下するからである。

さて、ここで説明したブロークンレコード・テクニックについて少しだけ補足しておく。

同じ言葉を繰り返すことの効果は、それほど専門的な勉強などしなくても、実は誰でも知っていることである。

現に私たちは、本書の主役になるような不器用な青年たちにブロークンレコード・テクニックを使われ、それがために窮地に立たされることがあるのだ。

例えばこんな人はあなたの身近にいないだろうか。何を聞いても「ウザイ」としか答えない人。どんなに水を向けても「ムリ」としか言わない人。一言目には「前例がない」とか「誰が責任を取るのだ」と言う人。そういう人にも、「また心にもないことを」とフィードバックしたらどうだろう。少なくとも前二者には使えそうな気がする。後者に使うと喧嘩になるかもしれない。

レディネス

「また心にもないことを」という言葉で暴言のある人の気分を少し変える。これは次へのステップにつなげるという意味で、「その場の（適切な）しのぎ方」になる。要するにこれは、出発点に立つための儀式のようなもので、本来の仕事はここから始まる。

だからといって、暴言を吐く人への指導的展開を急に試みるような無謀なことはしないでほしい。何しろ不器用な人たちなので、そうそうすんなりと事が運ぶとは思われないからだ。

ところで、教育や学習が効果的に行われるための準備性のことをレディネスと呼ぶ。本書の主役になるような人には、まさにこの準備性を高めるための支援が相当程度以上に必要なことが多い。そこで、本章のしめくくりとして、すぐに暴言を吐いてしまうような人を、その人が本来必要としている指導領域へと招き入れるための手続き（準備性の高め方）について述べておきたい。

つまり「また心にもないことを」が「その場の（適切な）しのぎ方」であるとすれば、今から述べることは「次の段階への動機付け」ということになろうか。いずれにしても、ここからは前章で述べた肯定的フィードバックが再び登場する。

さて、暴言を吐く人のモードが少し変わったら、つまり「死ねー」とか「謝れー」という暴言が一旦停止したら、ぜひあなたの指導的なメッセージを指導対象者に伝えるようにしてほしい。ここでは反論や説諭を多少使ってもかまわない。

「そんなことを言われたら、言われた人は傷つくよね」と。

ただし、この説諭の前に「あなたも分かっているように」と一言付け足してほしい。この言葉も、いわば職業上の台詞として学習してもらった方がよい。なぜならば、この一言の意味は著しく大きいのだから。

さて、いろいろなところから受ける相談の一つに、対象者のことを思っていろいろアドバイスをしても、それが一向に伝わらないというものがある。

その背景をよく聞いていくと、大抵この一言が抜けている。「あなたもよく分かっているように」。

この一言にはどのような意味が含まれているのだろうか。

まず分かっていただきたいことがある。あの人たちはだいたいにおいて、対人的なコミュニケーションの力が弱いのだ。

だから、指導者がいくら指導対象者のことを心配して助言をしたとしても、それは「自分に向けられた助言」というより、「指導者の独り言のような言葉」という認知のレベルで理解されやすい。

つまり、指導者と指導対象者との間に言葉による交流が成立していないのだ。

ときどきそのことに気付いている指導者が、忠告として「これはあなたのためを思って言うのだが」と釘を刺すこともあるが、この前置きはやめていただきたい。

肝心の指導対象者の方が、指導者の言葉だけに反応して、「オレのことを心配なんかしてほしくない」と反発する場合もあるからだ。

もちろん、「しっかり聞け」とか「聞いているのか」という指示や忠告は、状況をさらにややこしくするだけだから絶対に使わない方がよい。

これに対して、「あなたもよく分かっているように」という前置きはどうだろう。この一言によって、次に続くメッセージ（例えば「そういうことを言うと、言われた人は傷つくよね」）は「指導者の言葉」ではなく、指導者と指導対象者の「やり取りの中での言葉」として認知されやすくなる。

つまり、この言葉によって、指導者と指導対象者との間には橋が架かり、それによって指導対象者は、次に指導者から与えられるメッセージを受け止めやすくなるということだ。そこで大切なことは、指導対象者が「あなたも分かっているように」ではない場合、すなわち「分かっていない」場合でも一向かまわないことである。

そもそも考えていただきたい。

「あなたは分かっていない」という言い方と、「あなたは分かっている」という言い方では、この言葉を向けられた人への影響性がまるで違う。もちろん、前者はネガティブに影響し、後者はポジティブな影響を与える。

ここから先は説明の必要などないだろう。要するにネガティブな影響を受けた人は物分かりがますます悪くなり、ポジティブな影響を受けた人は物分かりがよくなる可能性が高まる。

なぜそうなるのか。あえて言うまでもないことだが、前者は否定的なフィードバック、後者は肯定的なフィードバックになっているからだ。

最も大切なことは、肯定的フィードバックは、相手の物分かりをよくする可能性があるということ。もしそうなれば、それは対象者に「指導を受けるレディネス」が高まったということにもつながる。

その次に待っているのは、暴言を吐く人が本来必要としている指導の展開という道筋しかない。そこで、本章の締めくくりとして、暴言を吐く人に対処するための基本的事項をまとめておきたい。

さて、本章をお読みになって「それはダメ」とか「それは止めましょう」という指示が一度も使われていないことに気付かれたのではないだろうか。そもそもこれが暴言を含めた問題行動対応の鉄則である。

なぜ鉄則かと言えば、「ダメです」とか「止めましょう」という禁止や制止を求める指導は問題行動に対して有効に機能しないからである。指導しても効果がなければ、指導者はよけいに「ダメだ」とか「止めろ」という指導に頼りやすくなる。その結果、指導対象者との間には、人間関係の悪化という問題だけが残される。これでは禁止や制止の指導を行う意味がない。

おそらく、禁止や制止の指導を行うべき唯一の例外は、当該行為が明らかな犯罪を構成している場合のみだと私は思っている。その際の「ダメ」の示し方は、次章の中で犯罪的な性的逸脱行動への対応を絡めて述べる。

あえて言うまでもないことだが、性こそは青年期において避けて通れない発達課題である。

第五章

性

私は今まで、いろいろなところで機会があるたびに述べてきた。

「学校や社会への適応に不器用さを示す人、その中でも男性には女難の相がある」と。

つまり、彼らの多くは、思春期や青年期に、何らかの形で異性関係をめぐるトラブルに巻き込まれやすいのである。

もちろん、その内容はさまざまであるが、一人で悶々と悩むような人は意外に少ない。むしろ目立つのは、インターネットの性的なサイトに何度も接続して、高額な利用料金の請求に家族が驚かされるとか、異性に迷惑をかけてしまうとか、何かと周囲の人を困らせるような行動化を伴う人たちである。

なぜ行動化しやすいのだろうか。

なぜ男性なのだろうか。

それでは女性の場合はどうなのだろうか。

そして、そうした人たちに、われわれのできる支援とは何なのだろうか。

このような疑問にできるだけ答えようとしたのが本章である。まずは、なぜ男性なのかというところから始めたい。

男性

男性の性衝動は女性のそれに比べて高めにセットされている。

これは、種の保存に関係した生物学的な仕組みのようだ。

そうしておかないと、誰もあの面倒な性的デモンストレーションなどしなくなり、下手をすると種が絶えてしまいかねない。

おそらく神様は、妊娠や出産のような大仕事を抱えている女性にではなく、暇そうにしている男性にその役割を与えた。

人間といえども、神様が与えた役割には逆らえない。したがって男性の思春期や青年期は、否応無しに性衝動との同居生活になる。

ところが、幸か不幸か人間は社会を作ってしまった。これがあるため、男性は元々高めにセットされている性衝動を社会的に制御しなくてはならない。これは、女性より複雑な宿題となる。

当然のこととして、条件設定がややこしくなれば、それに伴うエラーが起こりやすくなる。つまり、男性には性的なエラーが多くなるというわけだ。

そうした性行動のエラーは、異性関係ばかりではなく、同性関係でも起こってしまう。それが証拠に、男性の同性愛は、女性のそれに比べて高頻度に出現する。この同性愛のある男性には、後の方で少し活躍していただくことになる。

いずれにしても、本書の主役になるような男性は、不器用であるだけに性的エラーによって苦しむ可能性が高い。今からもっと詳しく男性が直面しやすい性的課題について述べていくが、ともかく性に関しても（性だからこそ）、不器用な彼らは大変なのである。

変化

例えば、保育園や幼稚園に通っている男の子が、女性の先生に「抱っこ」を求めても、それは大した問題にはならない。

その行動は、周囲から「可愛いね」と許容される可能性が高いからである。

しかし、その子が小学生になって同じ行動をしたらどうなるだろう。周囲の目は「変な子ね」へと変化するに違いない。

まして、中学生や高校生になって同じことをしたらどうなるか。

しまう。その瞬間から、それは犯罪とか非行と呼ばれる行為、すなわち、許容できない迷惑行動になって

このように、多かれ少なかれ性的な意味合いを含んだ行動は、子どもの加齢に伴って周囲の許容度が厳しいものになっていく。そして、この変化にうまく対応できないのが、ここでの主役たちということになる。

換言すれば、学校適応への不器用さが予想される子どもには、保育所や幼稚園の段階から、自分の腕の長さ以上に他人へ近付く場合は、双方の納得が必要なことを、日常場面や遊びの中で学習する機会を与えるようにしたい。

そうした働き掛けは、後述する対人関係上のエチケットとか、異性関係におけるマナー学習の出発点として、極めて重要な意味を持つものになる。

歌の文句にあるような、「お手々つないで幼稚園」というのは、お互いの安心や安全、そして納得を保証する行動であってこそ、微笑ましいものになる。われわれはこのことを忘れるべきではないと思う。

友　達

中学生や高校生の年齢になった男性は、性欲を刺激する女性の写真とか、扇情的な性描写のあるマンガや小説が大好きである。

そうした写真や本を、友達とこっそり回し読みした懐かしい想い出をお持ちの男性読者はきっと多いに違いない。

男の子というものは、そうした遊びを通して大人になっていくものなのである。

さて、ここではそんな想い出に浸っている暇はない。お伝えしたいのは、友達同士で性情報を交換できることの素晴らしさである。

なぜそれが素晴らしいのか。

それは、性的情報が人間関係を介して入ってくることの素晴らしさに他ならない。

つまり、これができている人とは、世の中には男と女がいて、まずは人間関係があるということ、そして性行動というものは、人間関係の中で起こるということが分かるということ。さらに言うなら、そうした人間関係の文脈を理解する力の持ち主であるという点が素晴らしいのである。

ぜひとも、本書の第二章を読み返してほしい。性的行動と人間関係の結びつきが分かっている人とは、性的情報に関する相互完結スタイルの達成者でもあるのだ。

この点をもっと鮮明にしようと思えば、逆の場合を考えてみればよい。つまり、性の情報が人間関係を介して入ってこない人の場合である。

そういう人は、おそらく学校において、もしかすると学校を卒業した今でも、友達という人間関係を楽しめていない人、もっと言うなら、友達という人間関係のなかった人、突き詰めれば、友達を持てなかった人である可能性が高い。さらに突き詰めれば、そのことに問題意識を持てなかった人まで含まれている可能性がある。そうした人たちとは、まさに本書の主役たちのことである。

ここで大切なことは、友達という人間関係を持てなかった人にも、確実に思春期や青年期は訪れるということだ。もちろん個人差はあると思うが、大なり小なり性的興味への花は咲くだろう。

そうした場合において、この人たちはそもそも性的情報をやり取りする人間関係が弱いのだから、それは人間関係以外のところから入ってくる可能性が高い。

いわずと知れたインターネット、性的なＤＶＤやマンガ、そして書物のたぐいである。そうすると何が起こるのか。

いかに不器用な人であっても、世の中には男と女がいるという認知は成立していよう。ただし、その次に続く「人間関係」への認識は薄くなりやすい。

そうした中にあって、性的領域への興味・関心の高まりは、性的行動を闇雲に後押ししかねない。

まかり間違うと、人間関係を抜きにして、女の子といえば「おっぱい」、女の子といえば「おしり」という認知形成が優先され、それが行動化の危険性を高めてしまう。

これが一人で悶々とする人より、周囲に迷惑を掛けてしまう人が目立ってしまう理由だと思う。ともかく、本書の第二章でくどいほど指摘した人間関係を介さない課題処理のスタイルは、自己完結そのものである。性的行動であるからこそ、そこには相互完結のスタイルが必要であり、それを無視した性行動は一挙に自分本位の道をばく進してしまう。

その行き着く先にあるものは、女性の前での「性器露出」であったり、女子更衣室などの「のぞき」であったり、電車内での「痴漢」であったり、異性への「つきまとい」であったり、小児への「強制わいせつ」であったり、「強姦」であったり、性犯罪そのものである。

秘め事

人の性行動というものは、プライベートな領域で展開されるものだ。

換言すれば、公共の場所においては許されることのない「秘め事」なのである。

昨今においては、この「秘め事」という言葉そのものにレトロな響きを感じてしまうが、性に関して言えば、やはりここのところが今も昔も大きな意味を持っていると思う。

例えば前項においては、友達同士で性に関する情報をやり取りすることの重要性を強調した。ただしその際には、情報交換の相手となる友達以外にそのやり取りが秘匿されていることに大きな意味がある。

考えてもいただきたい。例えばこれも前項で触れたポルノ雑誌の回し読みひとつを取ってもそうである。そうしたお楽しみが不特定多数の友達に知られることになれば、それは瞬時にして興ざめを招くに違いない。

ましてそうした本の回し読みが家族に知られる、なかんずく母親の目に触れる事態ともなれば、それは興ざめどころの騒ぎではなくなってしまうだろう。

やはり、どう考えても、この種の情報交換は秘め事であってこそ意味がある。少なくとも私は、それを否定するような「野暮な」人に未だかつてお目にかかったことがない。

さて、誤解されては困るので一言付け加えておく。ここでの私は隠すという行為を推奨しているわけではない。物事には隠してはいけないものがあることくらいは承知しているつもりだ。

例えば、結果に対する自己責任での対処が困難なこと、周囲に何らかの迷惑が及ぶようなこと、もちろん犯罪とか非行と呼ばれるような行為、こうした事態を意図的に隠そうとする行為こそを、われわれは「罪」と呼ぶべきだろう。

そうした基準からすると、性的な情報を友達と交換する行為は、あながち悪いことではなさそうに思えてくる。

しかしながら、それでは堂々と行うべき行為かというと、どうもそうではなさそうだ。秘密にしたとしても、これはけっこう罪悪感を刺激されるものである。

ところがその一方で、「そこがまたよいのだ」という考え方も出てきそうである。

ともかくそうした微妙さ、これがこの行為の本質にあるものだと考えるのが一番妥当なのかもしれない。

冗長な記載になってしまったが、大切なのはこの部分である。

つまり、物事にはもちろん隠してはいけないことがある。しかしその一方で、隠すことによって周囲に波風の立つのを予防できるものもある。

また、他人に迷惑をかけないという条件さえ守られていれば、隠すことによって楽しみの倍増するものもあるのだ。

現に、ポルノ雑誌のたぐいを、母親の目から隠すのに神経を使ったことを思い出し、この一節を読みながらニンマリされている男性読者は決して少なくないだろう。

さて、かなり脱線してしまったが、秘め事の大切さを強調したかったこと以外に他意はない。しかも、この秘め事というものは、友達との人間関係の中で、つまり相互完結のスタイルの中で営まれることに大きな意味があると思う。

もちろん、性的行動には相互的な人間関係を前提にしないものがあってもよいと思う。例えば、性的描写のあるＤＶＤや書物を自分一人で購入し、こっそり楽しむのも悪いことではない。

要するに、既述のパソコンゲームのようなもので、孤独な性それ自体に目くじらを立てる必要はないと思う。おそらくそれは、無害な自己完結スタイルの典型例になるだろう。

しかし、こうした性に関する自己完結のスタイルが他者に向けられた場合には、それは瞬時に性犯罪へと変容してしまう。なぜならば、それは相手の同意という絶対的な条件を無視したものになるからだ。

同意

人の性行動の中で最もやっかいなものに、「相手の同意」という条件がある。

実際問題として、性行動のエラーというものは、ほとんどと言ってもよいほど、当事者が相手の同意を読み違えたか、無視したときに発現するものである。

そこで、もう少し説明してみよう。

言うまでもないことではあるが、そもそも多くの社会的行動というものは、相手の同意によって成立している。その証拠に、相手の同意を無視して行動すれば、ほとんどのものはその瞬間から、

「迷惑行為」とか「問題行動」、そして一線を越えれば「反社会的行動」と呼ばれるものになっていく。性行動などこれの代表格だろう。

仮に、相手の同意を無視して行動しても問題の起こらないものがあるとすれば、それは万人が喜ぶようなものになろうが、宝くじに当たるようにしてもらうことすら、一部の人にとってはいらぬお節介になる可能性があり、万人が喜ぶものなど、もしかするとこの世にはないのかもしれない。

さて、性行動である。

性行動の最たる不思議さとは、当事者同士が成人の年齢に達しており、かつお互いの同意さえあれば、性行為に何を求めても、その場では許されてしまう点だと私は思う。

例えば、同性同士が愛し合おうが、そんなことは何の問題にもならない。もっと分かりやすい例を示せば、手錠やロープを持ち出して相手を縛ってしまうような、相当にマニアックな性癖を要求しても、パートナーが「いいよ」と言っている限りにおいて、まさに「お好きにどうぞ」の世界なのだ。

ところが、この同意という条件が崩れ、相手が一言「いやだ」と断った場合には、たとえ小指の先に少し触れることさえ、一転してタブーになってしまう。

しかも、この拒否の言葉には、言外に反対の意味が込められている場合もあるのでむずかしい。

それでは、何でもかんでも同意を求め、相手の意思を確認すればよいのか。残念ながらそれも間違いである。こんなことは書きたくもないが、唐突に「キスしてもいいですか」と聞くこと自体が、ほとんどの場合において常識外れである。

反対に、同意を求めなくても、無言でのキスや抱擁を相手が求めている場合だってある。ともかく、人の性行動というものは本当にややこしい。これは、すべてのソーシャルスキルの上に君臨する応用技の極地だと思う。

なぜなら、お互いの同意の上で日常型のソーシャルスキルをあえて無視することすら求められ、その後は何食わぬ顔で日常型のソーシャルスキルに戻る。「いやはや」である。

要は、ここのところが分かっていないと、本書の主役たちは立派な性犯罪者になってしまいかねない。これは深刻な問題である。

それでは、そうした事態を予防する、あるいは、そうした事態に陥ってしまった場合に、われわれはどうしたらよいのだろう。

そうしたことにできるだけ答えたいと思いながら本書を執筆しているのだが、要するに性行動のエラーを予防する方法は、本書の内容そのものがひとつの答えになると思う。

すなわち、「少なくとも高校生の段階で不器用な人に周囲が気付くこと。コミュニケーションの支援を行い、決め付けの緩和を図ること。そして大人への道は自己理解の促進こそが決め手になるよ」と、一生懸命執筆しているところだ。また、予防というより、既に性的逸脱が発現している場合の直接的な対処法は本章の中で後述するとおりである。

ただし、ここまでは主として男性の側から述べてきたが、まだ女性の問題が残っている。ともかく性は男と女なのだから、すべては女性の性に触れた後のことになる。

女性

最初に図式化しておきたい。

性に関して言えば、男性は適応者か加害者か被害者かの三つ組み、女性は適応者か被害者かの二つ組みだと思う。

もちろん女性にも加害者的な性行動を示す人はいる。しかし、そのほとんどは性的対象（通常は男性）へのつきまといか、嫌がらせか、欺瞞的意図を持つ性的誘惑に限られる。それにしても、男性の総花的に発現する性的な加害行動に比べたら、それは量的にも質的にも物の数ではない。

しかも、女性が示す性的加害行動の背景には、性的被害の問題が何らかの形で絡んでいることが多い。やはり、性的な逸脱ということになると、女性には被害者的な要素を無視できないと思う。

ところで、ここまでは「加害者」とか「被害者」という言葉をあまり吟味せずに使ってきた。しかし、他の領域ならいざ知らず、性を取り巻く領域においては、この「加害」とか「被害」という概念自体が意外に分かりにくいものになる。

この分かりにくさを生み出す要因には、性的行動に随伴する報酬を含んだ快体験の問題が絡んでいるのではないかと私は思ってきた。これは、性に関する女性の被害者的な側面の特徴を理解するためにも、絶対に見落としてはいけない部分だと思われるので、もう少し説明しておきたい。

さてそこで、唐突な話題の転回をお許し願いたい。同性愛のある男性に登場していただくことになるからだ。

ここは女性の性行動について述べるところなのに、なぜ男性の同性愛を取り上げるのか。それは、男性の同性愛の一部を理解することが、女性の性的逸脱の根幹的な部分を非常に分かりやすくしてくれると思うからである。

そこで、まずは男性にも性的被害はあるというところから出発しよう。

そう。もちろん男性であっても性的被害を受けることはある。それも、けっこうな数においてその可能性があると書けば、読者はどう思われるだろうか。

性の領域では、キンゼイなどによる古典的な研究以外には、大型の数量研究は少ないようだ。しかしながら、子どものころに公園や駅の公衆トイレなどで、見知らぬ男性から性的悪戯をされた人（男性）は決して少なくないように思われる。

昔から、男性の公衆トイレというものは、性的落書きのメッカのような場所だが、その中には、同性愛的な内容の落書きが意外に多いことに、読者は気付いておられるだろうか。

また、悪戯というなら、学校の同級生や先輩から、同じような性的悪戯をされた人（男性）も案外いるものだ。

私は学校からこうした悪戯の相談をけっこうな頻度で受けてきたし、例えば男性の同性愛を取り扱う書籍類には、この手の小説や告白が満ち溢れていることを読者はご存じだろうか。もちろん、そうした同人誌等の記載を鵜呑みにするのは非常に問題ではあるが、火のないところに煙は立たないものだ。

大切なところはここからである。

私の実務経験からすると、同性愛のある男性の中には、最初の性経験がこうした悪戯を受けたことだと語る人が実に多い。

その反面で、同性愛のある男性が、子どものころに経験した公衆トイレなどでの性的悪戯の体験を、被害的に語ることは非常に少ない。しかも、それは彼らに元々同性愛への親和性があったからというような理由だけではなさそうなのである。

なぜなら、公衆トイレなどで子どものころの彼らに悪戯をした人の手口は、必ずしも強引なものではなく、むしろ優しく誘い込む、まさに誘惑である場合が多いようなのだ。

例えば、誘惑の中での行為の内容も、子どもの性器に触れたりすることはあるが、決して無理強いするようなことはなく、誘惑者自身が、自らの直接的な性的満足を子どもに押し付けることも少ないようなのだ。

おそらく、こうした一連の誘惑行為の中で、少しでも無理強いの要素が強まれば、子どもの被害者意識はもっと明確になると思う。

そうした経緯に加えて、悪戯させてもらったお礼と称してお金を渡される場合もあるという。しかも、悪戯行為には無理強いがない限り大なり小なり性的快感が伴いやすい。

あえて言うまでもないことだが、この状況は、性的に無知な子どもへ大人から加えられる明白な性虐待である。しかし、その部分が巧妙にカモフラージュされている点に注目してほしい。

もちろん、子どものころに同性からの性的悪戯を経験した男性が、みんな同性愛傾向を強めてしまうなどと馬鹿なことを言うつもりは一切ない。ただし、一部の男性には、それが嫌悪感として残らない場合もあることを指摘しておきたい。

ここまではいわば準備運動である。

ここで話を女性に戻そう。

女性に性行為を強要することはもちろん犯罪である。それがたとえ甘い誘惑であっても結果的に同じことになると思う。

対象が年少の女子児童である場合には、性的誘惑などもちろん論外だし、たとえ女子高校生の年齢になっていたとしても、基本的には同じであるはずだ。しかし、女性の年齢が高校生くらいになっていると、「論外だ」と簡単に割り切れない側面も出てきてしまう。

つまり、誘惑者の下心である性的な加害行動が巧妙にカモフラージュされている場合には、誘惑を受けた女性が、十分な被害者意識を持たないまま、性的被害を受けてしまうおそれが強まりかねないのである。

例えば、女性が誘惑（ナンパ）される場面を思い浮かべてほしい。

女性をナンパするときに、「お前はブスだなあ」などと声をかける男は一人もいない。「ひましてる?」という常套句の後には、必ず「可愛いね」とか、「センスがいいね」という持ち上げの言葉が付いてくる。これは特に自己評価の低い女性には最高の褒め言葉になりやすい。お茶や食事、買い物などに誘われるかもしれない。もちろんお金は男が出してくれる。

いわゆる下心ありありの行動だ。

次に、ホテルなどへ誘うお決まりのコースに入るが、ここで男が狼に豹変することは少ないと思う。もちろん、多少の無理強いはあるかもしれないが、女性が誘いを明確に拒絶すれば男のほうも用心するはずだ。

結局のところ、なんだかんだと丸め込まれ、男がカモフラージュされた下心を満たせば、「好きなものでも食べなさい」とお小遣いが出てくる。そして「さようなら」である。

いずれにしても、女性をナンパしようとする男が、強引にことを運ぶとは思わないほうがよい。もちろん、そうした乱暴な男もいるだろうが、強引なやり方は失敗しやすいことくらい彼らもよく知っている。

ともかく、女性をナンパするときの手口を見直してみると、要するに上げ膳据え膳なのである。もちろん、少し考えれば良いように丸め込まれているのは女性の側なのだが、この毒牙にかかっている状態に気付けないとやっかいなことになる。

つまり、性被害を受けているのに、そのことが快体験になってしまうパラドックスである。しかも、もっとやっかいなことは、この性的体験の受動性にある。

要するに、自分から求める努力を必要としない状況において、あたかも自尊心が満たされたかのように錯覚し、さらに快感や報酬が与えられる。

「売春」という言葉は死語と化し、「援助交際」というわけの分からない言葉がまかり通っている世の中においてである。

私には、これはどう考えても、カモフラージュされた性被害だとしか思えない。しかも、通常の男女交際以外のところで女性に起こり得る性的誘惑は、ほとんどこれに該当する事態なのである。

これは、例えば売春で補導された少女が、あまりにも「ケロリ」としており、被害者意識は希薄で、自己卑下もしていないので、「あの人たちの性道徳はどうなっているのか」と、教師からも警察官からも不思議がられるところであるが、背景には前述したような事情が隠れていることをぜひとも分かっていただきたい。

もちろん、ケロリとしている女性の中には、「傷付いている自分を認めたくない」という心理機制によって、否定的感情が自我から分離され、自我防衛的に「ケロリ」としている場合もあるだろう。

しかし、男からの誘惑をケロリと受け入れてしまう女性には、そうした心理機制の問題というより、本当に気付いていない場合もあるのではないか。しかも、その数は意外に多いのではいか。先に長々と述べた男子に対する見知らぬ男性からの性的誘惑と同じように。

そこで、あえて問うてみよう。

それの何が問題なのかと。

すなわち、性的加害行動が巧妙にカモフラージュされていることで、子どもが被害者意識を十分認識できないまま性的被害を受けてしまう。しかも、それに自尊心をくすぐる手練手管や報酬を含めた快体験が随伴する。

その結果、快としての受動的な性経験が、他者からの性的誘惑に対するハードルを低めてしまう可能性があること。しかも、快としての受動的な性経験を、自ら積極的に求めてしまうような傾向を活性化させる可能性があること。その先に待っているものは、おそらく男性への性的依存という問題だろう。

これこそが、女性の性的逸脱の典型的な状態像のようにしか私には思えない。女性の性行動に関しては、どう考えても「適応者と被害者の二つ組にしか思えない」と冒頭で書いたのはそのためである。

さて、無理強いを伴う強引な性的被害の経験（強制わいせつや強姦など）が、根深いトラウマとなって、当該女性の人生に長期間深刻な影響を与えることは多くの専門家が指摘しているとおりである。

しかし、その一方でカモフラージュされた性的被害体験については、私の知る限りにおいて、今まであまり指摘されてこなかったように思われる。私が本書においてお伝えしたいと思っている女性の性的被害とはまさにこの点である。

この無自覚な被害体験がその後の人生に与える影響の大きさは、加害者の強引な手口によって性的被害を自覚せざるを得ない女性のそれとは異なった意味で深刻だと思うがいかがであろうか。その性経験がその後の彼女らの人生を変えてしまう可能性がある点では、強引な性的被害であっても強引でない性的被害であっても結果的には全く同じだからである。

指導

本章では、社会適応に不器用さをかかえている人たちのさまざまな性的課題について述べてきた。この人たちに必要となる支援領域については、第二章と第三章、そして第六章を参照されたい。

ただし、本章には他の章とは異なる特別な課題が含まれている。それは、性的な加害行動、すなわち性犯罪が既に発現している人（主として男性）にどう対処するかという課題である。

それについて、身も蓋もない書き方をすれば答えは簡単である。要するに警察に任せればよい。

法治国家における性犯罪への対処は誰が何と言おうが警察の仕事になるからだ。

とはいっても、そうはいかない場合もあると思う。例えば、高校でわざと女子生徒の身体に触れようとする男子生徒がいるとか、大学で特定の女子学生につきまとってしまう男子学生がいるとか、まだ指導の余地が十分あると思われるようなケースは多いだろう。あるいは、電車内での痴漢行為で摘発され、警察で厳重注意を受けた人への指導なども出てくるかもしれない。

これは、支援というより指導的な介入になるわけだが、具体的な指導法について書かれている文献に私はお目にかかったことがない。かくいう私は矯正施設でそうした指導を行ってきたのだから、以下に書かせていただこう。

まず実際の指導に入る前に準備していただく教材と備品がある。それほどたいしたものではない。教材は六法全書、備品はメモ用紙である。

さて、実際の指導法である。まず、発現した性的逸脱行為が、異性へのつきまといであろうが、電車内での痴漢であろうが、盗撮であろうが、人前での性器露出であろうが、年少児童への悪戯であろうが、下着窃盗であろうが、もちろん強姦であろうが、以下に述べる三つの指導手続きを並行させてほしい。

なお、ここでは性犯罪に限定して述べているが、このやり方は犯罪的な加害行動全般に共通するものだと思っていただきたい。

そこで、「第一の指導手続き」は、相手の同意を伴わない性行動はすべて犯罪であることを明示する指導である。

その際、それを口頭で指導しただけでは、期待されるような指導効果はほとんど得られないと思っていただきたい。

必要なのは、その行為が犯罪であると明記されている刑法の条文や、○○予防法とか、○○規制法が記載されているページをコピーし、出典等も明記した上で本人に手渡すことである。もちろん、該当する犯罪行為への罰則の部分もコピーして本人に手渡す。

この手続きは、対象者が成人であろうが、未成年であろうが省略してはいけない。もちろん、対象者が読めない字には「ふりがな」を付す。文意を理解できない部分には、読解力に合わせた解説を記入する。

コピーを手渡しても、対象者はそれをすぐに捨ててしまうかもしれない。かといって、彼らに「無くすな」とか「捨てるな」と説諭するのは愚の骨頂である。「もし無くしたときは、原典はここにあるからいつでも見に来なさい」とはっきり伝える。

「第二の指導手続き」は、第一の手続きと並行させながら、性行動には相手の同意が必要なこと、まして年少の児童を対象にした性行動などは論外であることをはっきり説明することである。

この場合においても、口頭だけの説明では十分な指導効果は望めないので、必ずメモ用紙を活用する。もちろん、指導者のためのメモではない。性的加害行動のあった本人に対して、今指導していることを分かりやすく図示するためのメモである。大切なところは、「ここの部分は分かりますか」

と確認し、対象者が「分かる」と答えた場合には、その説明を求める。もちろんメモはコピーして本人に手渡す。そのときの手続きは、刑法などの条文のコピーのときと同じである。

こうしたメモ用紙の活用は、視覚的な支援という意味もあるので、性に限らず社会適応が不器用な人たちへの指導や支援では必須アイテムになる。

「第三の指導手続き」は、言い訳への対処である。まず知っておきたいことは、言い訳は指導者が「どうしてそんなことをしたのか」と理由を尋ねたときに好発することだ。

ともかく、犯罪行為のあった人に対して理由を尋ねるのは指導状況をややこしくするので避けた方がよい。犯罪行為とは、そもそも理由の如何とは関係のないものである。そこで指導者が理由を聞く行為は、あの不器用な人からすると「理由があれば許される」という誤学習に結び付きかねない。

少しでも言い訳が出てきたときには、第一の指導手続きに戻り、該当する刑法等の条文を示して、「あなたの説明ではなく、ここに書かれている法律に違反する行為があったことが問題です」と論点を整理する。

もっとも、「なぜそんなことをしたのか」と理由を聞きたくなる指導者の心情はよく分かる。だからといって、それを尋ねて指導状況を分かりにくいものにしてしまうことより、われわれのなすべき仕事は「犯罪は許されない行為だ」と教えることである。そして、加害者に犯罪行為を引き起こした理由を尋ねるのは、警察や検察や裁判所の仕事である。

そこで最後に警察との連携について述べる。

連　携

どうもわれわれは、警察との連携に対して消極的になりやすい。しかし、犯罪が行われている場合に、これはおかしいと思う。当たり前のことであるが、犯罪は誰かに止めてもらう必要のある逸脱行動である。それを最も効果的に実行できる組織が警察であり、検察であり、裁判所であるはずだ。

だからこそ、本人にもはっきり伝えた上で、警察と協力するのが望ましい。

ともかく、この段階で知っておくべきことは、犯罪行為に対して、あるときは許され、あるときは許されない指導環境を作ってしまうと、その後のすべての指導手続きが有効性を失ってしまうことである。やはり、犯罪に体系的な関りを持てる最初の専門機関は警察だろう。これが法治国家の常識である。

とはいっても、警察へのまる投げはやめてほしい。そんなことをされると警察も困ってしまう。

これは実際場面でときどき起こることだが、せっかく警察に協力を求めても、それを型どおりに行った場合には、例えば学校内での異性への抱きつき行為があったくらいだと、「それは学校で指導された方がよいと思います」と門前払いになってしまうことがある。これでは、何をやっているのか分からなくなってしまう。しかしこれは、警察が悪いのではなく、協力を求めた側の情報伝達能力の問題に起因するものだと思う。

ぜひ、警察の生活安全課などへ担当者が実際に足を運び、「かくかくしかじかの性的な問題行動に対して指導したいので協力してほしい」と正式に協力要請を申し入れてほしい。

たとえ被害届が出ている場合であっても、まる投げは避けた方がよい。警察も、指導する側の意図に対して無頓着な組織ではないし、防犯は警察の立派な仕事である。

ここまでやって、指導者の所属する機関と警察との人間関係を作っていくこと、これが真の連携ではないだろうか。きっと指導面での望ましい協力関係が構築できるだろう。

第六章

大人へ

この章では、今まで述べてきた各章を全体的にとらえ直し、そこから見えてくる本書の主役たちへの実際的な支援の要点について述べたい。

その支援とは何のための支援か。

もちろん大人になっていくための支援である。ここでは、そのために必要なこと、つまり、支援についての考え方、支援の手順、支援に役立つ台詞、その台詞がより効果を上げる場面設定などを具体的に示す。

まさに映画の台本（シナリオ）であるが、それが本書の表題なのだから、ともかくそういうことだ。

ただし、このシナリオは、読者に演じてもらうためのものではない。

あくまで私が今まで使ってきたシナリオである。その中で使えるところを使っていただけたらよいと思う。

映画を観た後、「あのシーンのあの台詞、機会があれば一度使ってみたい」と思われたことはないだろうか。

もしこの章を、というよりこの本を、そのように使っていただけたら、まさに筆者冥利に尽きる望外の幸せである。

さて、それではさっそく本論に入りたい。といっても以下に述べることは順不同である。一応筋道としての順番は意識したが、それはあまり気にせず読んでいただき、使えそうなところをコラージュのように切り貼りしながら、最終的な順序は読者の方で組み立てていただけたらよいと思う。この本を活用していただくあなたは、俳優というより監督なのだから。

社会的な行動を増やそう

これは私の口癖だ。

もちろん、本書の主役になるような人たちにも使う台詞だが、この台詞の使用頻度が最も高いのはＳＳＴや問題行動対応のワークショップを頼まれたときである。

「さあ、社会的な行動を身に付けよう」とか「さあ、社会的な行動を身に付けさせよう」と言っていないところに注意していただきたい。

その理由は、「身に付ける」あるいは「身に付けさせる」という表現が私には観念的に過ぎると思われるからである。

私は観念論を否定するつもりはない。

しかし、この本の主役たちに提示する目標は、観念的なものより、数で数えられるもの、量で測れるものがよく似合う。

指導目標は、「あいさつできるようにする」のではなく、「あいさつ行動を増やす」の方がピンとくるし、「誰への」あいさつ行動を増やすのかを明確にした方が、指導効果は高まりやすい。

あなたの周囲にいないだろうか。課長にはあいさつするが、係長であるあなたにはあいさつしないような人が。

「誰にでもあいさつできるようにしよう」という目標は、あいさつ運動としてのスローガンならけっこうだが、本書の主役になるような人には似合わない。なぜなら、そうした目標を立てても「あいさつ行動」は増えにくいからだ。

ともかく、「誰にでもあいさつできるようにしよう」という目標は、「あいさつのできない人」ではなく、「あいさつのできる人」が、「こうした世の中になってほしい」と望む目標だと割り切ったほうがよさそうである。

そこを分かった上で、さあ社会的な行動を増やそう。

期間限定の味

物事には、その季節でないと味わえないものがある。支援も同じことだ。最も美味しいときにこそ、最も美味しいものを食べられるのである。

それは、「その時期を逃すと手遅れになる」という意味ではない。

「少し味が落ちることがあるよ」という意味である。

例えば、今は一年中スイカが食べられる。そうした大前提に立った上で、「夏のスイカと冬のスイカ、どちらが美味しいでしょう」という問いかけなのである。あなたならどうされますか。

もちろん、支援の場合は味が落ちるわけではない。「指導の効率が落ちるよ」という意味である。

換言すれば、「支援に手遅れはないが、美味しい時期を逃すと、それなりの手間がかかるよ」ということだ。

それでは、美味しい時期とはいつのことか。

その答えは、迷うことなく「学校にいる間」である。

学校というなら大学も学校だが、大学はあらゆる場面での自由度があまりにも大きい。授業の選び方しかり、学生生活の送り方しかり、あの不器用な人たちには、もう少し「形」から入ったほうが親切なので、できれば小中学校、そして青年であればもちろん高校を念頭に入れていただきたい。

本書を高校生から書き始めたのはそのためである。つまり、何だかんだと言っても、大学に比べると高校の方が「手取り足取り」がしやすい。もっと言うなら、学校らしい学校なのである。ときには、高校の校則という、見方によっては不条理な（?）規制との対立が起こるかもしれない。たしかに校則というものは、現実と矛盾しているところもあることを私は否定しない。

だがしかし、われわれのお相手は、矛盾に満ちた世の中で生きていってほしい人たちばかりだ。そして、学校という環境も、ある意味矛盾に満ちている。だからこそ、世の中の矛盾との付き合い方を教えるには、学校は絶好の環境だと思う。本書を手にされた方々、特に学校の先生方は、ぜひとも世の中の矛盾との付き合い方を生徒たちに語るソクラテスになっていただきたい。教室で、廊下で、そして運動場で。

もちろん、私は高校が最後の砦だなどと言う気はさらさらない。とは言うものの、高校時代を逃すと、むずかしい状態像にこれほど対処しやすい指導環境は、おそらく今の日本では二度と巡ってこないように思う。

それだけに、高校という生活環境を思い切り大切にしてほしいと思う。ともかく高校での生活は期間限定の美味しさに満ちた世界なのだから。

透明性

世の中には守秘義務という言葉がある。

職務上知り得た秘密は他に漏らさない。

その内容によっては、自分の口にチャックをしたまま墓場へ持って行け。

殊に他人のプライバシーに関わるようなことは。

これは大切なことだと思う。

その大切さは承知の上で、今からとても思い切ったことを書く。

少なくとも教育とか支援を行う環境から考えると、われわれはこの「守秘」という言葉に対して、あまりにも無批判すぎるように思えてならない。私は、「守秘義務」という言葉が金科玉条化し、教育とか支援を制約してしまう場面にたくさん出合ってきた。これではおかしいと思う。

先に私の言いたいことを書いてしまおう。

特定の課題に対して特定の人（指導者）はよく知っている。しかし、そのことを周囲の人は何も知らない。そもそも、周囲の人には知らせない。

かたや特定の課題に対してそれに関わる人は皆が知っている。本人はもちろん、指導者も、家族も、今から何が行われ、それにはどのような意味があり、何を目標にして、どれくらいの時間をかけ、そしてその次には何が待っているのかを。

この両者を比べると、はっきり言えることがある。指導の効果がまるで違うということだ。もちろん効果のあるのは後者である。

われわれは、皆が知った上で、皆で支援する方法論の大切さを、もっと見直すべきだと思う。尊重すべきは、支援のサークルの中に、支援を受ける本人が明確に、しかも主体的に組み込まれていること、ここから生産的な何かが始まる。

おそらく秘密を守ることより、大切なのは透明性である。われわれは、支援場面の透明性を確保することにもっと努力すべきだ。本人にも、家族にも、関係する人や機関にも。私はそこに期待をかけて今までやってきた。そしてこれからもやっていく。

一方、世の中には「効果」を求める介入法に批判的な人もいる。たしかに効果への過剰な期待を強調することは、倫理上の問題をはらむ欺瞞行為だと私も思っている。

しかしながら、その一方で効果を度外視した介入法など、教育や支援の領域には理論的にあり得ない。われわれには、お遊びに時間を費やす暇はなく、自分に与えられた時間の中で、何らかの結果を導き出す義務がある。何を行ったのか、何が起こったのか、それすら不明確なまま、介入を終結するのは無責任な行為に過ぎない。

大切なのはここ。私は、対象者との契約関係の中で介入を開始する営み、それが支援だと思う。もちろん契約のレベルはいろいろあるにしても、これがある場合と、ない場合とでは、それこそ指導効果がはっきり違う。もちろん、指導効果に対する期待可能性が高まるのは、支援に契約が伴う場合だ。そもそも、支援を受ける側と行う側、双方に共通認識のない個別の支援計画など空しい。指導場面の透明性を確保すること、これはわれわれに課せられた命題の一つだと思う。

問題発言であることを承知の上であえて書く。密室的な状況に最も似合うものは「陰謀」だと思う。われわれは、もっと開放された環境で、ご本人にも、支援者にも、もちろんご家族にも、よりよく分かる介入を目指すべきであろう。本書はそもそもそういう本である。

自分のこと

学校関係の研修でも、福祉関係の研修でも、労働関係の研修でも、いろいろな場所で同じ質問を受ける。

「あの人たちのことを、周囲の人にどう伝えるべきなのでしょう」と。

とても大切な質問だとは思うが、私は次のように問い返すことがある。

「とても大切な質問をありがとうございます。ところで、あなたのおっしゃる、あの人たちは、自分のことを分かっていますか」と。

質問の趣旨はよく分かる。「あの人たちのことを支援したいので、周囲の人にも分かっていただきたい。でも、どう伝えたらよいのでしょう。また、周囲の人はあの人たちにどのような配慮をすればよいのでしょう」ということである。これは、本書の主役たちへの支援を考えるとき、とても大切な視点であることは間違いない。

ただし、肝心のご本人はどの程度自分のことが分かっているのだろうか。

私は、あの不器用な人たちへの支援のバランスをいつも考えている。つまり、あの人たち本人への支援と、周囲の人への支援のバランスだ。

そこで、「彼らあるいは彼女らが、自分のことが分かる（自己理解）」と、「周囲の人たちが、あの人たちのことを分かる（他者からの理解）」とに分け、支援に必要な労力をバランスで示すとしたら、おそらく自己理解への支援が八割、他者からの理解への支援が二割くらいだと思う。

実際問題として私は、今まであの不器用な人たちの自己理解を育てる支援に、圧倒的なエネルギーを割いてきた。なぜそうしてきたのか。

自己理解を伴っていない人を対象にして、他者にその人への理解を深めてもらう働きかけを行うことは、間違いだとは言わないまでも、どう考えてもおかしいからである。

支援を必要としている人が、自分自身の個性をどのように理解しているのか。これはあらゆる支援の出発点であり、この作業をわれわれは実態把握と呼ぶ。まずは、主役にスポットライトを当てること、すべてはここから始まるのではないだろうか。

自分の「ものの考え方」「感じ方」「行動の特徴」「性格を含めた自己イメージ」、それらを自分本位な思い込みではなく、他人から見た本人像との間で、折り合いのつけられる形で分かること、そうした自己認知を総称して私は「自己理解」と呼んでいる。

まずは、この力が育つことによって、われわれは初めて他者への接し方をその人に教えることができる。これは当たり前のことではないだろうか。

特に学校の先生方に申し上げたい。学校では、周囲の生徒に本人の特徴を理解させる働き掛けが少しずつ行われるようになってきた。それはとても大切なことだと思う。だがしかし、日本の現状は、個性的にすぎる個性を受け入れる土壌がまだまだ成熟していない。せっかく行われるようになりつつある学校での取組みが、特定の人にとって罪作りになってしまわないためにも、まずは自己理解の促進にエネルギーを注いでいただきたい。

本書は、いわば自己理解を促進する働き掛けについて述べた本でもある。まずはここから出発しよう。これがあってこそ、周囲の理解を求めることができるのだから。

悩み

思春期から青年期にかけては「悩みの季節」である。本書の主役たちもいろいろな悩みに直面し、それを乗り越えることによって成長していく。というより、そうあってほしい。そこで私が、そもそも「あの人たちはまっとうに悩めない」と主張したら、読者はどう思われるだろう。

そう。「あの人たちは、まっとうに悩めない」のである。これはどういうことなのか。少し説明させてほしい。

仮に、世の中に「まっとうな悩み方」というものがあるとすれば、その典型例は文学界に燦然と輝く「生きるべきか、死ぬべきか」という有名な悩みだと思う。その顛末はシェークスピアにお任せすることとして、この部分のみを切り取ってみれば、これはある意味まっとうな悩み方だと私は思う。

なぜなら、AにするかBにするか、この悩みには、いずれの結論に達するかは別にして、ともかく選択可能性が保証されているからだ。

ときにはAかBかCかDか、どれを選択すべきかの悩みもあるはずだ。だいたいにおいて、社会性が育っている人ほど、広い選択可能性を持ち、その中で悩む。余分なことかもしれないが、選択可能性がAかBかという二つしかなく、生きるべきかはよいにしても、対極に死という崩壊状態しか描けない○○君は、まだまだ修行が足りないのだと思う。

さて、この本の主役たちの悩みはどうか。多くの場合、彼らあるいは彼女らの悩みは、AならAだけ、BならBだけしかない。つまり、選択可能性を伴わない悩みが圧倒的に多いように思う。これは苦しい悩み方である。

なぜなら、悩んでも、悩んでも、悩みはエンドレスになり、いつまでたっても答えが出ない。つまり、答えに到達しない苦しみだけが長期化する。こんな状態では、思春期や青年期の最大の課題であるアイデンティティの確立など程遠いものとなる。自己への眼差ししかないところで悩んで、自己確立などできようか。あの人たちにとっては、ときには悩みの対象が幻想の場合すらあるのだ。幻想は一つとは限らない。しかしいくら多数の幻想があっても、それでは幽霊を相手に恋人選びをするようなものだ。結果的には、「誰からも愛されない自分」だけが残り、そこでの悩みがエンドレス化する。

思春期や青年期には悩むことが必要である。それは、悩むことによって成長が促進されるからに他ならない。しかし、本書の主役たちの悩みは、いつまで悩んでも創造的な状況は形作られず、苦しみだけが残ってしまう。ここまで書けば、われわれがやらねばならないことは明白だろう。

要するに、われわれの支援対象者ももちろん悩む。ただし、その悩み方には生産性があまりにも乏しい。われわれがなすべきことは、支援対象者がまっとうに悩めるようにしてあげること、つまりAもBもあるということを教えること、ときにはAもBもCもDもあるよという絵を描いてあげることではないだろうか。

大切なのは、本人が「描けるようになる」ことではなく、まずは「描いてあげる」ことである。自発的に描けるのであれば苦労はいらない。そして最終的には、「われわれが描いた絵」を、少しずつ「自分で描いた絵」と同じものにしてもらうこと。これはある意味支援の真髄だと思う。私はこうした支援を行いたいと思い続けている。

家庭内暴力

家庭内暴力に関する相談は、小学校高学年くらいから少しずつ増え始め、中学生や高校生の年齢になると相談事項の一定数を占めるようになる。

家庭内暴力が長期化すると、家族の疲弊は極みに達し、家族は対象者の言いなりになってしまうことすらある。いわゆる対象者の暴君化である。そうすると、対象者にとっては暴れる理由がなくなるので、暴力自体は減少傾向を示す。ところが、それで対象者の問題も解消すればよいのだが、現実はそれほど甘くない。

私の個人的な感想からすると、家庭内暴力のある人には、この限局された状況での暴力親和性を、将来の恋人や配偶者への暴力へと移行させてしまうような人が、かなりな高確率で含まれているように思われる。

もしそれが事実であれば、家庭内暴力への適切な介入は、現代社会の病理ともいえるドメスティックバイオレンス（ＤＶ）対策の一助となることも考えられる。われわれは、もっと家庭内暴力への対応を真剣に考えるべきだと思う。

さて、肝心の家庭内暴力であるが、その程度はさまざまだ。家族に対して口汚い暴言は吐くが、暴力は伴わないものから、喚きながら机や壁を叩く・蹴る、物を投げる、それも壁に投げつけるものから、人に投げつけるものまでいろいろある。

暴力の程度もさまざまで、胸倉をつかむ程度から、実際に殴る蹴るに至るまで幅がある。また素手で殴りつけることもあれば、包丁を振り回すような、著しく危険度の高いものまで含まれている。

暴力の対象も、家族全員の場合もあれば、母親だけの場合もある。

このように、一口に家庭内暴力といっても、そのレベルには相当な幅がある。ところが、実際に家庭内暴力のある人と会ってみると、ほぼ全員が判で押したように同じことを言うのには驚かされる。

つまり、「本当は暴れたくないのだ」と。

母親に向かって包丁を振り回すような危険な行為をしていても、「本気で母親を刺すつもりなどない」と。

どこかで聞いたような言葉だと思われないだろうか。そう、ＤＶのある人が判で押したように言う「あの言葉」である。やはり家庭内暴力のある人は、ＤＶのある人と近似しているとしか私には思えない。

家庭内暴力のある小学生の言い訳が、恋人への暴力のある青年や、ときには配偶者への暴力のある中年男性と同じであることすら珍しくないのだ。おそらく、これが家庭内暴力、というよりＤＶの本態なのだろう。

さて、こうした家庭内暴力にはどのように対処すべきなのだろうか。まず、この事態を整理してみると、そこには明確な加害者と被害者の関係が見えてくる。もちろん、暴力を振るう加害者と、暴力を振るわれる被害者という図式である。

私は、家庭内暴力の相談を受けるたびに思うことがある。親または親に代わる人から子どもへの虐待が重大な社会問題化している現代社会において、子どもによる家庭内暴力は、同時に子どもによる親虐待だと。これは由々しき問題だ。

これまでの家庭内暴力対応を振り返ってみると、一般的に多いのが被害者へのカウンセリングである。通常は暴力の被害者である母親へのカウンセリングが多い。これは苦しい状況に追い込まれている被害者の悩みを緩和する大切な働きかけだと思う。しかし、一方の主役である加害者が出てきていないので、これだけでは家庭内暴力の鎮静化は困難である。

従来よく用いられてきたもう一つの対処法は、強権発動法とでも言おうか、要するに警察へ電話して、警察官に駆けつけてもらう方法である。これには、主役である加害者が手立ての中に組み込まれているので、その場での鎮静化には非常に有効である。

ただ、この方法の難点は、そこで加害者がおとなしくなれば、警察官は帰ってしまうので、いわば一発芸的なやり方になってしまうところである。

もちろん、被害者が傷でも負っていれば、傷害事件として取り扱われる場合もあるが、それくらいの事後処理が伴わないと、警察官の帰った後、ときには加害者が「オレを警察に売った」など、わけの分からないことを言い始め、状況をさらにややこしくさせる可能性が残ったりする。できればこうした事態は避けたいところだ。

そこで、従来行われてきたやり方とは異なる方法を提案してみたい。名付けるとすれば「危機管理法」とでも呼ぶべきだろう。

まず、家庭内暴力には家族だけでの対応は困難である。必ず家族以外の第三者が介入するのが望ましい。

ただし、親戚のおじさんとか、従兄とかはあまりお勧めできない。なぜならば、親戚の人は暴れる対象者との距離が近すぎて、以下に述べるような行動介入がかえって行いにくいからである。

一番望ましいのは、対象者つまり加害者が高校生の場合であれば学校の先生。ここでも学校は期間限定の美味しさに満ちている。もし対象者が学校を卒業している場合には、ＤＶ対応を職とする公的機関や関連するＮＰＯの職員、適当な人がいなければ、警察官であってもよい。

そこで何をするかといえば、「家庭内暴力対応危機管理委員会」とでも称すべき会議である。この会議を開催する場所は家庭ではなく、学校または支援機関の会議室等が望ましい。そうした意味でも、家庭内で行う家族会議というスタイルは、家庭内暴力対応にはあまり有効ではない。

会議の構成員は、「できれば暴れたくない」と言っている加害者本人、被害者である家族、そして学校の教師なり、関係部局ないしは団体の職員である。加害者本人が学校に所属していない場合には、できれば警察官にも参加してもらいたいところだ。

こうした指導環境作りは、加害者が次項で述べる「ひきこもり」状態にある場合はむずかしくなるが、ともかく、暴力を振るっている本人との接点が得られた場合、最初に行うべき教示は、「君も暴れたくないと言っている。家族の人も暴れてもらいたくないと言っている。君も家族も困っているという点で利害は一致している。だとしたら、どうしたらよいのか皆で話し合い、皆の力でこの困った事態を解決するようにしたい」である。

この発言は、暴れているのが高校生であれば迷うことなく学校の先生に言っていただきたい。もし加害者が学校に所属していないのなら警察官が望ましいかもしれない。

ただ、こうした会議を開催するにあたって、警察官が最初の声掛けを行うのは成り行き上不自然なので、会議のきっかけ作りとして、親戚のおじさんや従兄に登場してもらうことはかまわないだろう。そうした場合、会議のきっかけ作りに協力してもらった親戚の人には、当該会議の構成員になっていただいてもかまわない。

さて、会議で何を話し合うのか。加害者である本人に、「もう暴れるな」と説諭することではない。そうした説諭はまずうまく機能しないし、効果のない指導を繰り返すことは、家族の人間関係をさらに悪化させる恐れがある。もしそんなことになれば、ここでの「もう暴れるな」という禁止の指導は意味がないどころか、有害な指導になってしまう。

例えば、暴力の加害者はこの家の青年男性、被害者はその母親であったとしよう。そうした場合、この会議で話し合うべきことは、被害者である母親が、加害者である子どもの暴力から、堂々と身を守れるようにすること、すなわち緊急避難のルール作りに他ならない。

考えてもいただきたい。家庭内暴力の加害者は、たとえ青年の年齢になっていたとしても、母親にとっては子どもである。そして暴力の被害者は母親である。

もちろん、最も望ましいことは、子どもが親に暴力を振るわなくなることである。そんなことは誰にでも分かることだが、それがうまくいかない現実がある。だとすれば、被害者である母親が堂々と避難できるルールを決めること、この方がよほど現実味のある対処法ではないだろうか。

こう私が提案すると、大抵の母親は、「それでなくても暴れている子どもに、『緊急避難します』などと言おうものなら、さらに興奮して暴れませんか」と不安そうな顔をされる。

たしかに、「緊急避難します」と宣言して、いつまでもそこにいれば、非常に危険なことが起こるかもしれない。しかし、これは母親には少し冷たい言い方になるが、子どもが母親に暴力を振るうのは、そこに母親がいるからである。たしかに母親が意を決して家を飛び出せば、子どもは興奮冷めやらず、ドアを足で蹴って壊してしまうかもしれない。しかし、そのことによって母親が怪我をするような最悪な事態は予防できる。危機対応とはそういうものである。

そこで、会議の席上はっきり暴れている青年に伝えたい。「お母さんはあなたが暴れると怖い。あなたにその気はなくても、お母さんが怪我をするようなことだって起こるかもしれない。それを予防するために、あなたが興奮している間は、お母さんに緊急避難をしてもらいます」と。

さて、肝心なことはここからである。緊急避難はよいとして、どこに避難するかである。一番やってはいけないのは、例えば夜間の場合、母親が家の近くの公園のベンチなどでたたずむことである。これでは母親がいかにも惨めだ。母親は被害者であり、当然の防御行動として緊急避難しているのである。それが暗い公園にたたずむなど、惨めったらしいことはやめてほしい。

避難先はもっと明るいところがよい。深夜営業のファミリーレストランもあるので、そこでゆっくりされたらよい。これも会議の席上ではっきり決めていく。

ともかく、あらかじめのルール作りが決め手である。家の中では暴れてしまう子どもでも、青年でも、彼らが冷静なとき、それも第三者を交えた明るい場所での会議の席上では、意外なほど話し合いに応じるものである。実は彼らも困っているのだから。

さて、それだけではまだ不十分である。このルールでは、緊急避難先までは決めたが、まだ帰還のルールがない。そこで、子どもの興奮が治まったら、一番よいのは子どもから母親の携帯に電話することと。それが無理なら、父親とか他の家族から電話で知らせること。その上で、最もうまくいくやり方としては、暴れたご本人と家族が一緒に母親を迎えに緊急避難先（例えばファミリーレストラン）まで出かけること、そしてできれば一緒にケーキでも食べて帰ってくることだろう。ともかく母親は必要があって緊急避難をしたのだから、それが一人とぼとぼと帰宅するような状況は避けるべきである。

ともかく、こうしたルールをあらかじめ会議で決め、出席者全員に議事録の複写を渡して終了する。私は、こうしたやり方が、最も効果的で、かつ暴れてしまう家族にも、被害を受けている家族にも、優しい危機場面のマネジメント法だと思っている。

要は、危機的な事態を家族だけで抱え込まず、暴れてしまう人も含め、家族全員で危機場面の解消に取り組んでいく覚悟如何が、家庭内暴力を制御する最善の策だと思うのである。ただし、暴れている家族に「ひきこもり」がある場合には、こうしたやり方がほとんど使えなくなってしまう。そこで次項では「ひきこもり」という困った状態像について考えてみることにしたい。

ひきこもり

「ひきこもり」は社会適応に何らかの不器用さを持った人に発現しやすい現象である。

中にはちょっとした麻疹のような感じで、比較的短期間に収束する場合もあるが、相当な期間長期化する場合も珍しくない。

また、ひきこもりは解消しても、その後ニートへ移行する人もいる。

ちなみに、「ひきこもり」と「ニート」は違う。「ひきこもり」は、まさに人間関係の遮断であり、基本的には家から出ない。強いて出るとしたら、書店へ行くくらいで、書店の店員は常連客（というより、多くは立ち読み常連者）として顔を知っているが、本人はそうしたことに大抵無関心である。

書店以外では、ＣＤ店やレンタルビデオ店、パソコン関係の家電店などへ行くこともある。たまにはラーメン店などで食事をすることもあり、なぜかファミリーレストランが好きな場合もあるが、もちろん出かけるときは一人だ。家では自室にこもり、ゲームかテレビ、ＤＶＤ観賞で日を過ごす。生活リズムは乱れ、昼夜逆転の場合も珍しくない。

これに対して「ニート」は、学校にも仕事にも行かず、ひきこもり同様に生活リズムは乱れがちで、出かける場所もよく似ているが、気分が乗れば合コンへもカラオケへも出かける。もちろん、嫌なことを断るスキルの不足から、受動的に（ときには嫌々）参加しているだけの場合もあるが、「ひきこもり」に比べるとこの違いは大きい。

さて、その「ひきこもり」であるが、これは何らかの結果である。つまり、「ひきこもり」が原因でひきこもっているのではなく、コミュニケーションの不調とか、決め付けやこだわり、挫折の経験、屈折した怒り、自信の喪失など、多層的な原因を背景に「ひきこもり」が起こる。

こうした点は不登校とも共通するところで、不登校から「ひきこもり」へ移行することも少なくない。したがって、不登校と同様、結果として引き起こされた「ひきこもり」に対処しようとしてもなかなかうまくいかない。

肝心なことは、何がひきこもりの誘引になっているのかを同定し、その部分の解消を図ることであり、それが「ひきこもり」の状態像を緩和し、やがては解消へと向かう可能性を高める。

私は本書で述べていることを、最善の「ひきこもり予防策」ないしは「ひきこもり緩和策」だと思っているのだが、その働き掛けはひきこもっている人がわれわれの前に出てくるということによって成立する。ここが苦しいところである。

いずれにしても、ひきこもりの状態が一年以上の長期間に及んでいるときには、絶対に注意しなければならないことがある。それは、ひきこもりの背景に、病識の欠如を伴う精神障害が隠れている場合があることだ。

病識の欠如とは、自己の病を認識できない、あるいは認識することを頑強に拒絶する精神症状である。これがあると、ひきこもっている人を専門機関へ連れて行くことは、本人への説得も含めて至難のわざとなる。おそらく、この状態は「支援」という働き掛けの守備領域を超えていると考えた方がよい。

つまり、理由はともあれ、医療ネグレクトに陥ることを予防し、「治療」へとつなげる方略が必要になるが、これは家族の努力だけで太刀打ちできる課題ではない。

私は現実論者である。端的に言えば、われわれは当事者が目の前に現れてこそ、初めて支援に着手できると考えている。

ところがとても残念なことに、ひきこもっている人が、われわれとの出会いを頑強に拒絶することは珍しくないのだ。

よく、その状態を何とかしたいという相談を受けるが、よほどの荒療治でも行わないと現状打開は困難な場合が多い。その一方で、荒療治にはあまりにも大きな危険を伴うことがある。その最たるものは、当事者の意思を無視した無理矢理な連れ出しや、うまくだましての連れ出しは、うまくいけばよいが、まかり間違うと家族との人間関係を崩壊させかねないことだ。そうした事態は避けるべきだと思う。

ひきこもっている人に、前述した家庭内暴力がある場合はむしろ幸いかもしれない。家庭内暴力への対応が、ひきこもりに介入するきっかけになることもあるからだ。ともかく、ひきこもっている本人に、他者が介入することへの頑強な拒絶がある場合には、家族の方も疲れ果てていることが多い。そうしたときには家族への支援に視点を切り替えるべきだと思う。

もしかすると、支援によって家族の態度が変化し、それがひきこもっている人に望ましい影響を与えることがあるかもしれない。しかし、最初からその効果に期待して家族支援を行うのは虫がよすぎる。

家族支援のポイントは二つ。第一点目は家族の苦しみに十分耳を傾け、気持ちの整理を手助けすること、第二点目はひきこもっている人との、家族としての付き合い方を一緒に考えることである。後者については、本書で今まで述べてきたことが役に立つと思う。

何だか絶望的なことばかり書いたが、対象者が高校などに所属しているときには、教師の涙ぐましい努力によって、ひきこもっている人との接点がかろうじて維持されている場合がある。そうすると、ひきこもっている人とわれわれが面談できる可能性も出てくる。それこそ期間限定の美味しさの極致だ。

学校という枠組みがなくなると、日本の現状からすれば、そうした接触の機会すら作りにくくなってしまう。私は学校の助けを借りて、ひきこもっている人と面談する機会を持つことがある。まさに得がたい機会だと思う。

そうすると、ひきこもり者は口をそろえて同じことを言う。「本当はこの状態が好ましいとは思っていない」と。

接点さえ確保できれば、働きかけの可能性は急速に広がっていく。支援という仕事はそこから先に待っている。それも山のように。

さて、ひきこもりに関して言いたいことはこんなところだが、ここで終わってしまうと、私にもやり残し感が残る。そこで、幸運にもひきこもっている人との接点が何らかの方法で確保できた場合に、ぜひとも留意してほしい点を述べて終わることにしたい。

あの人たちは、人付き合いが苦手だとか、対人不信が強いとか、自信欠如があるとか、神経質だとか、自己同一性の拡散状態（俗に、自分探しとも呼ばれる）だとか、背景に発達障害が隠れている場合があるとか、いろいろ言われてきた。

たしかに状態像として見るとそうしたことも当たっていると思う。ただ、私はひきこもっている人たちに対して、そのどれとも異なる要素を感じることがある。

つまり、あの人たちは人付き合いが苦手なのではなく、「誰とでも仲良くしなければならない」という、とても無謀な前提条件を持ちやすい人が多いように思うのだ。そう決め付けてしまう人が多いと言ってもいいかもしれない。そんなことはできるはずがないのに。

人間が二人以上いれば、そこには何らかの対人トラブルが起こる可能性がある。まして三人以上になればなおさらだろう。馬の合う人も、合わない人もいるのだから。

ところが、あの人たちは一人でも馬の合わない人が出てくると、あたかもそれ以外の人ともうまくいかないような思いに苦しめられてしまう。

何しろ、「皆とうまくいくのが当たり前」という、とんでもない前提条件を持っているからだ。要するに一事が万事なのである。

そうすると、誰かとうまくいかない自分を許せなくなる。そうした悩み（既に述べた、AかBかという選択可能性がなく、AならAしかないエンドレスの悩み）を回避するために、人間関係全体から撤退することに決めてしまう。そしてその自己規定にこだわる。

人付き合いが苦手だとか、対人不信が強いとか、自信欠如があるとか、神経質だとか、自己同一性の拡散状態だとか、従来言われてきた「ひきこもっている人の特徴」といわれるものは、とてもできるはずのない課題に挫折した結果の産物である場合が多いのである。

おそらく、ひきこもっている人に必要な支援とは、対人関係を育て友達を増やす練習ではない。行うべき支援はその逆のアプローチ、すなわち「ひきこもり」以外の方法で対人関係を減らす練習だと思う。

要するに、馬の合わない人の見分け方と避け方を教える。濃密な人間関係など必ずしも必要ではないことを教える。友達は必要だとか、友達を持つべきだというこだわりから解放してあげる。ただし、社会的なマナーとしての対人関係は必要なので、相互完結のスタイルでのやり取りの練習をする。目標とすべきは、日常場面での、何でもないような、表面的なやり取りである。

我田引水ではないが、本書に書いたことはひきこもり対応でもあると強調したのは、これを言いたかったからに他ならない。対象者の認知変容の可能性を高めるアプローチとは、まさにこうしたことを指しているのである。

報酬

さて、いろいろと述べてきたが、もう少しお付き合いいただきたい。何といっても、あの不器用な人たちには仕事に就いていただきたいからだ。

それを実現するためにも、ぜひとも次のことを教えたい。できるなら、小学校でも、中学校でも、高等学校でも、大学でも、ハローワークでも、そして職場でも。

それは、仕事をすることの意味を学習させることである。とはいっても観念的な意味学習ではない。

要するに、仕事とはお金（報酬）をもらうことだという、本質的なところを教えたいのである。その教え方はこうしたらよいと思う。

仕事は、必ずしも楽しいものではない。むしろ絶対に嫌なことに直面する。それが仕事である。

だから仕事をする人にはお金（報酬）が支払われる。端的に言えば報酬とは「嫌なこと料」ということだ。

反対に、もし仕事が楽しいことばかりなら、あなたは職場へお金を払うべきだろう。もちろん、楽しませてもらったお礼として。だが安心してほしい。仕事はそんなに楽しいことばかりではないのだから。

例えば、どことは言わないが、超大型遊園地の従業員を見てみたまえ。いつもニコニコしているではないか。あれは楽しいからニコニコしているのではない。そうやってお客をもてなすのが仕事だからだ。ときには、お客から嫌なことを言われることもあるだろう。しかし、そうしたときでも従業員の姿勢は驚くほど低い。あれはストレスのかかる仕事である。だからニコニコすることで報酬がもらえる。

あなたが仕事に就いて、仮に上司、同僚、後輩、あるいはお客にあたる人から嫌なことを言われたら、「ああ、これが給料につながるのだ」と思いなさい。

実は、ここで述べていることは極めて重要なことである。そんなことは分かっているだろうが意外に通じないのである。だから、本書の主役になるような人には離職が起こりやすくなる。

保護者

前作では保護者支援についてかなりな紙幅を費やした。しかし、今回は保護者のことにはほとんど触れていない。それは、この本が青年期を扱っているからである。

はっきり書いてしまうと、青年期とは子どもが保護者から学ぶ年代ではない。青年期にある人は、父親や母親からではなく、学校の教師や職場の上司、クラスメートや職場の同僚、そして恋人から学ぶのである。

それがいつから始まるのかと言えば、思春期からだ。図式的に示せば中学生の年齢からである。換言すれば、青年期に至るまでにそうなっていないと、いろいろ不都合がおきてしまうのである。

これは、むしろ前作で述べておくべきことであったが、中学校の役割が極めて大きなものになることはいくら強調しても強調のし過ぎはないと思う。中学校においては、ぜひともこの当たり前のことを、保護者に対しても生徒に対しても啓発していただきたい。

そして、保護者に一言。寂しくなるのはよく分かるが、彼らあるいは彼女たちを、大人として遇してほしい。保護者としてなすべきことがあるとすれば、食事の用意とか、子どもが安心して眠ることのできる場所の確保くらいだと思う。もちろん子どもが事件や事故に遭遇したときには親の出番もあるだろうが、ともかく子どもは大人社会の中で成長するし、そうさせたいと思う。

補足

今までの各章で宿題として最終章へ送った課題にはほとんど答えたと思っている。ただ一点、第一章の中に登場した元気のよい父親への対応が抜けている。あの「子どもを殴って指導している」と、誰はばかることなく言い放っている父親である。

こういうタイプの人には、「お父さん、しつけと称して暴力を振るうのは間違いですよ」と指摘したいところである。しかし、そうした忠告が功を奏することなどあまりないと思う。そこで次のようにフィードバックされたらどうだろう。

まずは、「お父さん、殴ってまで子どもをしつけようとされているお父さんの情熱には感服します」と肯定的なフィードバックを返す。

ここで止めてはいけない。ここで止めてしまっては、あなたも父親と同じ暴力肯定論者になってしまう。そこで、さらに次のようなフィードバックを行う。

「だけどお父さん、例えしつけのためとはいえ、自分の子どもを殴るというのは、お父さんとしても辛いところでしょうね」と。

私はこのフィードバックに対して反論した保護者を見たことがない。

表現に多少の違いはあるものの、「それは苦しいですよ」とか、「心を鬼にしてやっています」という返事が返ってくることが圧倒的に多い。そこで次の展開に移る。

「お父さんはやはり子どもを殴ることの苦しさを分かっていらっしゃる。それの分かるお父さんとなら、私はスクラムを組めますので一緒にやっていきましょう」と。

もうお分かりだろう。われわれは言うべきことはきちんと相手に伝えるべきである。しかし、それは相手に納得してもらえる伝え方をして初めて意味をなす。

要するに、相手が誰であろうと、われわれは、相手の納得を得られる適切な自己主張の仕方を身に付けておく必要があるということだと思う。

おわりに

私は若い頃から「素浪人」という言葉に憧れてきた。なぜならば、この言葉に究極の自由を感じるからである。

お役所勤めのときなど、机の上に山のように積み上がる書類に目を通しながら、ふとこの言葉を思い出し、ついつい白昼夢に耽ることもしばしばであった。周囲の人には、決裁書類を前にむずかしい顔をして熟考中のように映ったかもしれないが……。

ただし、素浪人というものは、一つ間違えると「食うや食わず」の経済的困窮と紙一重になってしまう。まことに虫の良い言い草だが、自由の謳歌は望むところとしても、一方での行き詰まりはご免こうむりたい。

ところで、我が国にも有名な素浪人がたくさんいる。その中の一人、例えば黒澤映画に出てくる椿三十郎という素浪人。この人、たしかに「食うや食わず」に近いとはいいながら、あまり惨めそうには見えない。素浪人たるもの、実にこうありたいものだ。だから、椿三十郎はずっと私のアイドルであり、おそらく墓場の中までお付き合いいただくことになる人だと思っている。そして、たいへんありがたいことに、今の私はほぼ尊敬してやまない椿三十郎に近い状態にある。

たしかに、私は素浪人らしからぬ家庭持ちだし、肩書きのところには何とかネットとか、何とか大学という所属名が書いてある。

ただし、家族は「あいつはブラブラしているのが一番家庭に貢献している状態だ」と思っている（思っていてほしい）し、何とかネットとか何とか大学には、私の活動に一切干渉しないことを条件にしてもらっている。

複数の教育委員会などからも辞令を頂戴しているが、そこでも自由奔放であることを許していただいている。

さて、私はここで何を長々と書いているのか。私が尊敬してやまない素浪人たちには共通した特徴がある。それは、一生懸命になっている人を見ると、損得を抜きにしてついつい付き合ってしまうところだ。別に物や金を与えるのではない（そもそも彼らは物や金には無頓着である）。誰かを紹介したりするわけでもない（彼らには元々人脈などないし、そうしたことに価値を置いてすらない）。

映画『椿三十郎』の中で私の好きなシーンがある。一生懸命になっている若侍たちが叫ぶ「死ぬも生きるも我ら九人」それを横目に見ていた三十郎が言う「一〇人だ」と。そして一件落着した後、彼は「あばよ」と去っていく。長居は自分の役割ではないと分かっているからだ。

とても格好良く言わせていただければ、本書はそんな気持ちで書いた。この本が一生懸命になっている人への、ささやかなお手伝いになればありがたいと思う。一切組織的な干渉は受けず、いわば好き放題なので、もし読者のお気にさわるところでもあればお許し願いたい。その一方で、自由人として書いていればこそ、本書を使っていただけるところもあるのではないかと思っている。

お声をかけていただいたところにブラリと立ち寄らせていただく。そして一時ではあるが、何かをお手伝いさせていただく。何かをお手伝いできれば、「あばよ」ではなく、「またね」としばしのお別れである。そうした旅のお供をするのが前作と本書だ。

そこで、前作の末尾に書いた文言と同じことを書かせていただく。

私がこの仕事を続けてきて最も良かったと思うのは、全国で素晴らしい子どもたち、素晴らしい先生方、そして素晴らしい保護者の方々と出会えることである。それに「素晴らしい青年たち」が加わった。どこかの学校あるいは施設、そして講演会場などでお会いできたとき、気楽に声をかけていただきたい。

そこで私の口癖を。「何かできそうなことから考えてみませんか」である。

[著者紹介]
小栗正幸（おぐり・まさゆき）
岐阜県出身。法務省に所属する心理学の専門家（法務技官）として、犯罪者や非行少年の資質鑑別に従事し、福井、京都、大阪などの少年鑑別所や成人矯正施設に勤務した後、宮川医療少年院長を経て退官。現在は特別支援教育ネット代表として、各地の教育委員会、学校、福祉関係機関、発達障害関連の「親の会」等への支援を行っている。特別支援教育士スーパーバイザー。宇部フロンティア大学臨床教授。専門領域は、思春期から青年期の逸脱行動への対応。主著に『発達障害児の思春期と二次障害予防のシナリオ』など。

青年期の発達課題と支援のシナリオ

2012年9月15日　初版発行

著　者　**小栗正幸**
発　行　株式会社　**ぎょうせい**
本社　東京都中央区銀座7-4-12（〒104-0061）
本部　東京都江東区新木場1-18-11（〒136-8575）
電話番号　編集　03-6892-6533
営業　03-6892-6666
フリーコール　0120-953-431
URL　http://gyosei.jp
〈検印省略〉

印刷　ぎょうせいデジタル㈱
乱丁・落丁は、送料小社負担にてお取り替えいたします。

ISBN978-4-324-09536-2(5107885-00-000)　[略号:青年期発達支援]